Traduzidos dos respetivos originais, com introduções e notas explicativas, esta coleção põe o leitor em contacto com textos marcantes da história da filosofia.

O Sistema da Vida Ética

Título original:
System der Sittlichkeit

© desta tradução Artur Morão e Edições 70

Tradução de Artur Morão

Capa de FBA

Depósito Legal n.º

Biblioteca Nacional de Portugal – Catalogação na Publicação

HEGEL, 1770-1831

O sistema da vida ética. – (Textos filosóficos; 30)
ISBN 978-972-44-1605-2

CDU 17

ISBN: 978-972-44-1605-2
ISBN da 1.ª edição: 972-44-0769-1

Paginação:
MA

Impressão e acabamento:

para
EDIÇÕES 70
em
Janeiro de 2018
(1991)

Direitos reservados para todos os países de Língua Portuguesa
por Edições 70

EDIÇÕES 70, uma chancela de Edições Almedina, S.A.
Avenida Engenheiro Arantes e Oliveira, 11 – 3.º C – 1900-221 Lisboa / Portugal
e-mail: geral@edicoes70.pt

www.edicoes70.pt

Esta obra está protegida pela lei. Não pode ser reproduzida,
no todo ou em parte, qualquer que seja o modo utilizado,
incluindo fotocópia e xerocópia, sem prévia autorização do Editor.
Qualquer transgressão à lei dos Direitos de Autor será passível
de procedimento judicial.

Georg Wilhelm
Friedrich Hegel
O Sistema da Vida Ética

Advertência ao Leitor

O presente escrito, que apareceu postumamente, mas cuja redação se situa em 1802/03, portanto, no período de Iena, caracteriza um estádio importante no desenvolvimento de Hegel. Se, por um lado, acusa ainda fortemente uma influência de Schelling, mesmo na terminologia, assinala já, por outro, com um perfil intenso o ponto de partida do pensamento hegeliano: não é a intuição da ação moral, como em Fichte, pela qual o indivíduo atinge a mais alta consciência de si mesmo e nega o mundo; também não é a intuição estética, como em Schelling, que considera a arte como a suprema revelação do absoluto. É antes o intento de recuperar a unidade dentro e no meio dos homens que constituiria, por seu turno, uma realização de autonomia, e de descrever, sem abstrações vazias e segregadoras, a experiência humana integral com as suas tensões e oposições indestrutíveis, mas objeto de uma possível reconciliação. O cerne de tal esforço é a noção de Espírito, enquanto grandeza cósmica, como realidade supraindividual, como espírito de um povo, sujeito da história, e de que o homem é veículo na sua vida espiritual.

Diz J. Hyppolite: «Enquanto Schelling vê na produção da obra de arte a intuição absoluta, que concilia o subjetivo e o objetivo, o consciente e o inconsciente, Hegel, escrevendo em Iena o *System der Sittlichkeit*, substituiu a obra de arte, como expressão do absoluto, pelo organismo concreto da vida de um povo. A sua primeira filosofia do espírito será a descrição da organização social desde as bases – as necessidades concretas dos homens – até ao topo – o Estado e a religião do povo, grandeza espiritual, ao mesmo tempo subjetiva e objetiva.»([1])

O *Sistema da Vida Ética* representa, não obstante a sua terminologia terrivelmente abstrata e quase espectral, a primeira tentativa de Hegel para expor de uma forma sistemática e orgânica as múltiplas relações entre o indivíduo, a sociedade e o Estado. Fiel ao seu amor pelos Gregos, Hegel retoma ideias antigas, sobretudo de Aristóteles, e combina-as com o conceito espinosista de substância; o conceito de eticidade, que se orienta por esses dois estratos de pensamento, indica, pois, a unidade nuclear de uma comunidade política, em cujo seio apenas os indivíduos atingem a sua realização verdadeira. Simultaneamente, porém, semelhante esquema da teoria política clássica é, em parte, modificado e complementado pelo contributo da economia política inglesa: daí a importância que o trabalho, o dinheiro e a propriedade começavam a adquirir em Hegel.

O sistema, que se funda na subsunção recíproca do indivíduo e do universal, articula-se em 3 partes: A primeira – *A Eticidade absoluta segundo a relação ou Eticidade natural* – engloba o domínio das atividades naturais, que promanam da necessidade e do instinto, bem como as relações sociais que lhes estão adscritas: trabalho, uso de utensílios, posse; inteligência, linguagem; relação homem/mulher, pais/filho, senhor/servo. À família segue-se a vida social, na forma de relações de intercâmbio económico e jurídico (propriedade, troca e contrato). Os indivíduos surgem aqui como figuras jurídicas e constituem simplesmente uma unidade formal, abstratamente quantitativa.

A segunda parte – *O Negativo ou a Liberdade ou o Crime* – ocupa-se de fenómenos como a aniquilação física, o roubo, a escravatura, a vingança e a guerra; para Hegel, a função destas últimas consiste em negar a autossuficiência e a absolutização unilateral da «totalidade do indivíduo» como pessoa. Como, porém, desponta o perigo de tudo se perder, inclusive a vida,

---

([1]) J. Hyppolite, *Introdução à Filosofia da História de Hegel*, Lisboa, Edições 70, 1988, p. 17.

emerge assim a condição necessária para o aparecimento da «eticidade absoluta», na qual se reconciliam a eticidade natural e a liberdade individual.

Na terceira parte, finalmente, Hegel analisa as instituições do Estado especificado como monarquia, a articulação das diversas ordens (nobreza, burguesia e campesinato) e os sistemas de governo, ou seja, o «sistema das necessidades», que exprime a mútua dependência económica dos indivíduos entre si, o «sistema da justiça», e o «sistema da educação» que exerce uma função tanto policial como educativa.

Como se vê, o opúsculo representa um estádio importante na história do desenvolvimento da teoria hegeliana do «espírito objetivo».

A presente tradução tem na base o texto hegeliano, tal como foi estabelecido por Georg Lasson (G. W. F. Hegel, *Schriften zur Politik und Rechtsphilosophie*, 1923²) e várias vezes reimpresso pela Editora Felix Meiner (como n.º 144*a* da famosa «Philosophische Bibliothek»).

No fim do volume, propõe-se uma sucinta bibliografia para o aprofundamento da evolução do pensamento de Hegel e da sua conceção política.

ARTUR MORÃO

Introdução

Para conhecer a Ideia da vida ética absoluta, deve a intuição estabelecer-se de um modo inteiramente adequado ao conceito, pois a Ideia nada mais é do que a identidade dos dois. Porém, para que tal identidade seja conhecida, deve ser pensada como um ser-adequado; mas em virtude de, no ser--igual, a intuição e o conceito se manterem um fora do outro, são postos com uma diferença, um na forma da universalidade, o outro na forma da particularidade contra o outro. Para que esta equiparação se torne perfeita, importa que o que aqui se pusera na forma da particularidade se ponha agora, inversamente, na forma da universalidade, e o que fora posto na forma da universalidade, agora se ponha na forma da particularidade.

Mas o que verdadeiramente é o universal é a intuição; o verdadeiramente particular, porém, é o conceito absoluto. Cada um deve, pois, opor-se ao outro, uma vez sob a forma da particularidade, e outra sob a forma da universalidade; é preciso que se subsuma ora a intuição no conceito, ora o conceito na intuição. Embora a última relação seja a relação absoluta em virtude do fundamento aduzido, o primeiro é também absolutamente necessário, para que a igualdade absoluta exista para o conhecimento, pois a última é apenas em si mesma uma e apenas única relação e, por conseguinte, não está nela posta a absoluta igualdade da intuição e do conhecimento. Ora, a ideia da absoluta eticidade é o retomar em si da realidade absoluta como numa unidade tal que este retomar e esta unidade sejam a totalidade absoluta; a intuição da Ideia é um povo absoluto; o seu conceito é o ser-um absoluto das individualidades.

Em primeiro lugar, a intuição deve subsumir-se no conceito. A vida ética absoluta surge assim como natureza, pois a natureza nada mais é em si do que a subsunção da intuição no conceito, por meio da qual, pois, a intuição, a unidade, permanece o interior, e a multiplicidade do conceito e o seu movimento absoluto aparecem na superfície. Nesta subsunção, a intuição da eticidade, que é um povo, torna-se em seguida uma realidade múltipla ou uma singularidade, um homem singular, e assim o absoluto retomar da natureza em si torna-se algo que paira sobre este singular, ou algo de formal, pois o formal é justamente a unidade que não é em si mesma conceito absoluto ou movimento absoluto. Ao mesmo tempo, porque esta unidade paira sobre o singular, ele não emerge e dela não se abstrai; ela, porém, está nele, mas oculta; e ela aparece nesta contradição de tal luz interior não coincidir e não ser uma só coisa absolutamente com a luz universal, sobre ela pairando como algo que em sua direção a impele, como impulso, aspiração. Ou então, a identidade do particular (para cujo lado agora a intuição passou) e do universal determina-se aqui como uma unificação imperfeita, ou como uma relação.

I
A Vida Ética absoluta segundo a relação

Tal como no que precede, deve isto dividir-se. Importa que a eticidade absoluta se considere segundo a relação – ou, então, a eticidade natural deve considerar-se – de modo que o conceito se subsuma na intuição e a intuição no conceito. Além, a unidade é o universal, o interno; na subsunção da intuição no conceito, a unidade põe-se defronte e está de novo em relação com o conceito ou o particular. Nos dois casos, a eticidade é um impulso, isto é,

α) o impulso não se torna absolutamente uno com a unidade absoluta,
β) diz respeito ao singular,
γ) satisfaz-se no singular, e esta satisfação singular é ela própria totalidade; mas
δ) vai ao mesmo tempo além do singular; esta ultrapassagem, porém, é aqui em geral algo de negativo, de indeterminado.

A satisfação nada mais é em si própria do que o facto de o conceito e a intuição serem uma só coisa. Ela é, portanto, totalidade, viva, mas formal, pois justamente o grau onde ela se encontra é também um grau determinado, pelo que a vida absoluta tanto paira sobre ela como permanece algo de interior;

mas a vida absoluta permanece algo de interior porque não é conceito absoluto, por conseguinte, enquanto vida interior, não é ao mesmo tempo presente sob a forma do oposto, do exterior. E não é intuição absoluta, justamente porque, enquanto tal, não está presente para o sujeito na relação, por conseguinte, a sua identidade também não pode ser a identidade absoluta.

A. *Primeira potência da natureza, subsunção do conceito na intuição*

A primeira potência é a vida ética natural enquanto *intuição;* a plena indiferenciação da mesma, ou o ser-subsumido do conceito na intuição; portanto, a natureza propriamente dita.

Mas o ético é em si e por si, segundo a sua essência, um retomar da diferença em si, a reconstrução; a identidade emerge da diferença, é por essência negativa; que ela seja negativa supõe que o que ela aniquila seja. Esta naturalidade ética é também, por isso, um desvelamento, um sobressair do universal contra o particular, mas de modo tal que este próprio sobressair permanece plenamente um particular – o idêntico, a quantidade absoluta permanece inteiramente oculta. Esta intuição, enquanto totalmente mergulhada no singular, é o *sentimento;* e dar-lhe-emos o nome de potência *prática*.

A essência da mesma consiste em que o sentimento (não o que ordinariamente se chama sentimento ético) é algo de totalmente singular e particular, mas enquanto tal é algo de separado, uma diferença que não se pode suprimir a não ser pela sua negação, a negação da separação em subjetivo e objetivo; este ser-suprimido é também em si uma singularidade perfeita e uma identidade sem diferença.

O sentimento da separação é a *necessidade;* o sentimento enquanto ser-suprimido da separação é a *fruição*.

O caráter distintivo enquanto potência é que o sentimento reside no particular e concerne ao individual, e que é sentimento absoluto; mas este sentimento, que respeita à supressão da separação da subjetividade e da objetividade deve também exibir-se como totalidade e, por isso, ser a totalidade das potências.

Sentimento *a)* que subsume o conceito, *b)* subsumido no conceito.

a)

Quando o sentimento se expõe como subsumindo o conceito, é o conceito formal do sentimento que se expõe. Eis efetivamente o seu conceito, que acima se estabeleceu; está presente

α) o ser-suprimido do idêntico totalmente absoluto, do aconsciente, a separação e esta separação enquanto sentimento ou *necessidade;*

β) a diferença perante esta separação, a qual porém é negativa, a saber, uma aniquilação da separação (à margem: desejo, determinação ideal do objeto); portanto, um aniquilar do subjetivo e do objetivo, da intuição empírica objetiva segundo a qual o objeto da necessidade está lá fora; ou o esforço e o *trabalho;*

γ) o ser-aniquilado do objeto; ou a identidade dos dois primeiros momentos; sentimento consciente, isto é, que brota da diferença, *fruição.*

A subsunção do sentimento no conceito ou o conceito real, desdobrado nas suas dimensões, do sentimento prático, exibe necessariamente o sentimento: *a)* nas suas dimensões segundo a natureza da forma ou do conceito, *b)* mas de modo tal que em todas essas dimensões permanece um todo, o sentimento, e aquela forma é totalmente algo de exterior para o sentimento.

ααα) O sentimento prático, ou a fruição, uma identidade sem intuição e sem diferença e, portanto, desprovida de razão, sentimento que, por conseguinte, concerne à aniquilação absoluta do objeto e igualmente uma plena indiferença do sujeito, é, para o ético, privado da saliência de um meio-termo que reúne em si os opostos; por conseguinte, não é o retomar do intuir em si mesmo, por conseguinte, não há qualquer conhecimento de si no intuir.

αα) A necessidade é aqui uma singularidade absoluta, um sentimento que se restringe ao sujeito, pertence totalmente à natureza e cuja multiplicidade e sistema não nos cabe aqui compreender. Comer, beber.

ββ) Mediante esta diferença são imediatamente postos um interior e um exterior, e este exterior é pura e simplesmente definido segundo a determinidade do sentimento (comestível, bebível). Este exterior deixa assim de ser um universal, idêntico, quantitativo e torna-se um particular individual; o sujeito, não obstante o seu ser singular neste sentimento e na relação posta na separação, permanece em si um indiferente; é o universal, a potência, o que subsume; a determinidade que o objeto da fruição obtém nesta potência é inteiramente ideal, ou subjetiva; o objeto é imediatamente o seu oposto; a determinidade não ingressa na objetividade da intuição de modo que, para o sujeito, algo surgiria que ele conheceria como identidade do subjetivo e do objetivo; ou, então, esta identidade está mergulhada apenas no indivíduo, portanto, o objeto, em virtude de ser determinado de um modo puramente ideal, é sem mais aniquilado.

γγ) A fruição, em que o objeto é determinado de modo puramente ideal e é de todo aniquilado, é a fruição puramente sensível; a saciação, que é a restauração da indiferença e do vazio do indivíduo, ou da sua simples possibilidade de ser ético ou racional; a fruição é simplesmente negativa, porque concerne à singularidade absoluta do indivíduo e, deste modo, à aniquilação do objetivo e do universal. Mas a fruição, segundo a sua essência, permanece prática e distingue-se do absoluto sentimento de si em virtude de provir da diferença e na medida em que nela se encontra uma consciência da objetividade do objeto.

b)

Este sentimento na forma da diferença ou do ser-subsumido da intuição no conceito deve igualmente compreender-se como totalidade;

αα) como intuir prático negativo (trabalho), ββ) como diferença (produto) e posse, γγ) como utensílio.

αα)(²) O sentimento prático subsumido no conceito exibe como realidade os momentos dispersos da totalidade; tais momentos são:

α) a aniquilição do objeto, ou da intuição, mas como momento tal que essa aniquilação é substituída por uma outra intuição, ou outro objeto; ou a pura identidade, a atividade da aniquilação, é fixada; por conseguinte, abstrai-se nela da fruição, isto é, não se chega a tal; com efeito, cada abstração é aqui uma realidade, um ser; o objeto não é aniquilado como objeto em geral, mas de uma tal maneira que outro objeto se põe no seu lugar; efetivamente, neste aniquilar, enquanto abstração, ele não é o objeto, ou não é a fruição. Porém, semelhante aniquilar é o *trabalho;* por meio deste, o objeto determinado pelo desejo é suprimido, enquanto é um objeto por si, não determinado pelo desejo, real por si, e o ser-determinado pelo desejo é posto objetivamente como intuição; no trabalho, põe-se a diferença do desejo e da fruição; esta é impedida e adiada, torna-se ideal, ou uma relação, e em tal relação introduz-se agora imediatamente pelo trabalho, de um modo proeminente:

I) A relação do sujeito ao objeto, ou a determinação ideal do mesmo pelo desejo; é a *tomada de posse;*

II) em seguida, a aniquilação real da sua forma, pois o objetivo ou a diferença permanece; ou então, a *atividade* do próprio trabalho;

III) por fim, a *posse* do produto ou a possibilidade de o aniquilar enquanto um [real por si], tanto em virtude de uma primeira relação conforme à sua matéria como por uma segunda que é a negação da sua forma e doação de forma mediante o sujeito, e de transitar para a fruição, a qual, porém, permanece inteiramente ideal.

(²) À margem αα) a intuição é subsumida no conceito; o próprio trabalho é o subsumir do objeto, o sujeito é a indiferença, o que subsume; onde o sujeito é o que subsume, o conceito é dominante.

A posse não está presente na primeira potência do sentimento prático e a tomada de posse está aí igualmente apenas como momento, ou antes, elas não são reais, não estão separadas uma da outra, fixadas. (Não pode aqui tratar-se de um fundamento ou aspeto jurídico da posse.)

A tomada de posse é o ideal deste subsumir, ou o repouso do mesmo; o trabalho é a sua realidade, ou o movimento, o ingresso do sujeito que subsume na realidade do objeto; o terceiro momento, a síntese, é a posse, o armazenamento e preservação do objeto; há nele a determinação ideal segundo o primeiro momento, mas enquanto real no objeto, em conformidade com o segundo.

β) Em α) o produto já foi formalmente determinado; como identidade da determinação ideal, mas desta enquanto separada, objetiva, real: o essencial, porém, era a identidade, a atividade como tal, o, deste modo, como interior; atividade essa que não sobressai; é no objeto que ela deve sobressair, e considera esta segunda potência ββ a relação do sentimento impedido com o objeto obstruído na aniquilação, ou a diferença que existe também no trabalho, a saber, a diferença que há entre a realidade e a natureza própria do objeto e entre o seu tornar-se-determinado e o seu ser-determinado ideais mediante o trabalho; em αα) o objeto era o subsumido, aqui é o sujeito; ou ainda em αα) considerava-se a relação ideal no trabalho, aqui considera-se a relação real; aqui, *subsume-se* precisamente o trabalho na *intuição:* pois o objeto é em si o universal; portanto, onde ele é o que subsume, a singularidade do sujeito tem o lugar racional que lhe compete; o sujeito é conceito em si, diferença, e subsumido.

O trabalho em αα) é totalmente mecânico, porque a singularidade, a abstração, a causalidade pura são na forma da indiferença e o que domina, portanto, algo de exterior para o objeto; com efeito, é assim que em verdade se põe a causalidade, porque este sujeito é um sujeito singular, que é absolutamente para si, por conseguinte, separação e diferença absolutas. Onde, pelo contrário, o objeto e o universal estão como aquilo que subsume, não há causalidade, porque são em si a indiferença do particular e constituem uma só coisa com o particular, para o qual a particularidade é deste modo simples forma externa, e não a essência interior, o ser-sujeito.

Em virtude de o objeto subsumir em si o trabalho, está enquanto real na relação (tal como antes fora aniquilado e posto como simples abstração de um objeto), pois enquanto é o que subsume é a identidade do universal e do particular, e este último na abstração perante o sujeito; o trabalho é deste modo também um trabalho real ou vivo, e a sua vitalidade deve conhecer-se como totalidade, mas cada momento em si mesmo como um trabalho peculiar vivo, como objeto particular.

a) Para o objeto vivo que subsume e para o trabalho vivo, há a subsunção da intuição no conceito, em seguida, do conceito na intuição e, depois, a identidade de ambos.

ααα) O objeto vivo subsumido no conceito é *a planta*, vinculada ao elemento ou à pura quantidade da terra, e que se produz contra o elemento do ar na produção infinitamente múltipla (pelo conceito) da sua plena individualidade e da sua totalidade próprias; cada parte da planta é em si mesma um indivíduo, uma planta completa, só se mantém contra a sua natureza inorgânica em virtude de se produzir totalmente em cada ponto de contacto (ou morre no caule), vota-se ao produzir (ao conceito absoluto que consiste em ser o oposto de si mesmo). Visto que ela se encontra sob o poder do elemento, o trabalho dirige-se também sobretudo contra o elemento, e é mecânico, mas deixa ao elemento que ele force a planta ao produzir; o trabalho não pode ter, ou só em pequena medida, a vitalidade específica da planta, é vivo em virtude de apenas mudar inteiramente a forma exterior do elemento, não o destrói quimicamente, não destrói esta natureza inorgânica, que em si mesma só é em relação ao vivo, e deixa fazer este.

βββ) O conceito do vivo subsumido na intuição é o *animal*; efetivamente, porque tal subsunção é em si mesma unilateral, e por sua vez a intuição não é de igual modo subsumida no conceito, a vitalidade é uma vitalidade empiricamente real, infinitamente dispersa e exibe-se nas mais diversas formas; pois a forma, ou o conceito absoluto, não é, por seu turno, em si mesma unidade, universalidade: é, portanto, uma individualidade sem inteligência, e a própria unidade do indivíduo não é, como na planta, uma multidão de indivíduos, mas indiferença na diferença e na distinção dilatadas.

O trabalho frente ao animal dirige-se assim menos à sua natureza inorgânica do que à própria natureza orgânica, porque o objetivo não é um elemento exterior, mas a indiferença da individualidade. O subsumir é determinado como um domar da particularidade do animal para a espécie de uso, que é adequada à sua natureza; ora mais negativa, um constrangimento, ora mais positiva, como uma confiança do animal; ora também de um modo tal que seja simplesmente determinado o produzir natural dos animais, destinados como estão a ser aniquilados no comer, da mesma maneira que as plantas são elementarmente votadas aos animais.

Se o uso das plantas é muito simples, e se o trabalho para as mesmas se deve apresentar como uma necessidade do sujeito, ou como está presente na forma subjetiva, então é a alimentação inorgânica ou pouco organizada e individualizada, por conseguinte, não é nenhum alimento de uma diferença mais elevada do indivíduo, humano ou animal; uma fraca irritabilidade, um ir além impotente, um aniquilar que, por causa da individualidade fraca da planta, é em si mesmo fraco – e, em seguida, para o prazer, há fruições sensíveis que, em virtude de a planta não ser aniquilada, são mais subtis do que o aniquilar (cheirar, ver); por outras palavras, é a potência da fruição das plantas, do mesmo modo que a potência em relação aos animais é a sua domação; tal fruição diz respeito aos sentidos, pois os sentidos são a potência animal no homem, uma individualidade do sentimento que, enquanto sentido, é um indivíduo, não como braço, etc., mas como uma organização completa. Enquanto fruição, o comer a planta é subsunção do conceito na intuição enquanto sentimento; pelo contrário, o trabalho para as plantas é subsunção da intuição no conceito. Pelo que a cultura das plantas, a sua domesticação, é, pelo lado do trabalho, subsunção do conceito na intuição; enquanto fruição é o inverso, pois a fruição dos sentidos singulares é singularização dos mesmos. [À margem: N. B. Fruição e trabalho são inversos em relação à subsunção.]

A domesticação dos animais subjetivamente considerada é uma necessidade mais diversificada, mas, enquanto são meios, não podem pensar-se ainda aqui, pois isso não seria uma subsunção do conceito na intuição, nem a inspeção do trabalho vivo; este é uma associação dos animais em prol do movimento e da força, e a alegria desta propagação é, antes de mais, o ponto de vista de que aqui se trata.

γγγ) A identidade absoluta das duas potências consiste em que o conceito da primeira é uma só coisa com a identidade da segunda, ou é conceito absoluto, a *inteligência*. O trabalho, subsumido nesta intuição, é um subsumir unilateral na medida em que, graças ao mesmo, o próprio subsumir é suprimido. O trabalho é totalidade e por isso mesmo o que aqui se põe especialmente é o subsumir separado da primeira e da segunda potências; o homem é potência, universalidade para os outros, mas o outro também é igualmente, e assim o que faz a sua realidade, o seu ser peculiar, é o agir nele em vista de uma inserção na indiferença, e ele é agora universal perante o que precede; e a *formação (Bildung)* é esta transformação absoluta no conceito absoluto, em que cada qual, simultaneamente sujeito e universal, constitui imediatamente a sua particularidade em universalidade, e na flutuação, na posição momentânea como potência, se põe justamente como universal e assim tem contra si este ser-potência e a universalidade não mediatizada no mesmo e, por conseguinte, torna-se ele próprio particular. A determinação ideal do outro é objetiva, mas de tal modo que esta objetividade se põe também imediatamente como subjetiva e se torna causa; com efeito, para que algo seja potência para outro, não deve ser simplesmente universalidade e indiferença na relação com esse outro, mas deve ser oposto que é para si, ou um universal verdadeiramente absoluto; e isto é a inteligência no mais elevado grau; um universal segundo o mesmo aspeto pelo qual é precisamente um particular, ambos não mediados e absolutamente uma só coisa, ao passo que a planta e o animal o são sob aspetos diferentes.

Em virtude de ser a identidade das duas primeiras potências, o conceito é conceito desta relação, mas como totalidade ele próprio está sob a forma das três potências.

I) Como sentimento ou como pura identidade; segundo o sentimento, o objetivo é determinado como um objeto que se deseja; mas, aqui, o vivente não deve ser determinado mediante elaboração; deve ser um absolutamente vivente, e a sua realidade, o seu ser para si mesmo deve ser tão simplesmente determinado como aquilo que se deseja, a saber, é pela natureza que a relação do desejo é perfeitamente objetiva, um termo na forma da indiferença, e o outro na do ser-particular; esta suprema polaridade orgânica na mais perfeita individualidade de cada polo é a suprema unidade que a natureza pode suscitar; com efeito, esta última não pode superar o facto de que a diferença não seja real, mas absolutamente ideal; os *sexos* são pura e simplesmente na relação, por um lado, o universal, por outro, o particular; não são absolutamente iguais; portanto, o seu ser-um não é segundo o modo do conceito absoluto, mas, porque se realizou, é o sentimento sem diferença. A aniquilação da forma própria é recíproca, mas não absolutamente idêntica; cada um intui-se no outro, como simultaneamente algo de estranho, e isto é o *amor*. A incompreensibilidade deste ser-si-mesmo num estranho pertence, por conseguinte, à natureza, não à vida ética; como efeito, esta, em relação aos termos diferentes, é a absoluta igualdade de ambos – em relação ao ser-um, ela é ser-um absoluto por meio da idealidade; a idealidade da natureza, porém, permanece na desigualdade e, por conseguinte, no desejo, no qual um é determinado como subjetivo, e o outro como objetivo.

II) Esta mesma relação viva, tal como nela a intuição se subsume no conceito, é ideal enquanto determinidade do oposto; mas de um modo tal que, em virtude da dominação do conceito, a diferença persiste, mas sem desejo; por outras palavras, a determinidade dos opostos é superficial, não natural, real, e o prático visa decerto a eliminação desta determinidade oposta, não porém num sentimento, mas de modo que tome a intuição de si mesmo num estranho, e, portanto, desemboque na individualidade completa que se lhes opõe; deste modo se supera mais o ser-um da natureza. É esta a relação de *pais e filhos*, o absoluto ser-um dos dois cinde-se imediatamente para a relação: a criança é o homem subjetivo, mas de um modo tal que esta particularidade é ideal, um exterior, apenas forma. Os pais são o universal, e o trabalho da natureza visa a supressão desta relação, tal como o trabalho dos pais, que suprimem sempre mais a negatividade exterior da criança e por isso mesmo põem uma negatividade interna maior e, deste modo, uma individualidade mais elevada.

III) Mas a totalidade do trabalho é a individualidade levada a cabo e, deste modo, igualmente dos opostos, onde a relação se põe e se suprime; aparecendo no tempo, ocorre em todos os instantes e inverte-se no oposto, em conformidade com o que precede; a ação recíproca e a formação universais dos homens; a sua igualdade absoluta está também aqui no interior, e de acordo com toda a potência, em que somos, a relação só tem consistência no indivíduo. Um reconhecer, que é recíproco, ou a mais elevada individualidade e a diferença externa. Nestas potências, há uma separação da primeira para a terceira, ou suprime-se a unificação do sentimento; mas por isso mesmo suprimem-se também o desejo e a necessidade que lhe é adequada, e cada qual é uma essência igual, independente. Que a relação seja também de tal amor e sensação é uma forma exterior, que não toca à sua essência, a qual é a universalidade em que os indivíduos se encontram.

c)

As duas primeiras potências são identidades relativas; a identidade absoluta é algo de subjetivo, fora delas: mas visto que esta própria potência é totalidade, o racional, que se encontra oculto na representação das potências formais, deve como tal sobressair e ser real. Este racional é o que ingressa no meio, e é da natureza do subjetivo e do objetivo, ou o que mediatiza a ambos.

Este meio-termo existe igualmente sob a forma das três potências.

αα) O conceito subsumido na intuição pertence inteiramente à natureza, porque a diferença, segundo a qual existe o inteligente, não está nele presente enquanto subsunção da intuição no conceito e, por conseguinte, é absoluta indiferença, e não segundo a naturalidade que ocorre nas potências formais, a qual não pode libertar-se da diferença. Ao mesmo tempo, este termo médio não é a identidade formal, que até aqui surgiu como sentimento, mas uma identidade real absoluta, um sentimento real absoluto, que é o termo médio absoluto, para-si em todo este lado da realidade, e existe como indivíduo. Semelhante termo médio é a *criança*; é o mais elevado sentimento individual da natureza, um sentimento de uma tal totalidade dos sexos vivos que eles estão plenamente nele, e que ele é, pois, absolutamente real e é ele próprio individual e real para si. O sentimento realiza-se em virtude de ser a absoluta indiferença da essência natural, de tal modo que nesta indiferença não há nenhuma unilateralidade, nenhuma carência seja de que condição for; a unidade dos sexos é, por conseguinte, imediatamente real, e porque, segundo a natureza, eles próprios são reais e separados, não podem superar a sua individualidade, pelo que a realidade da sua unidade é de igual modo um ser específico, real, e um indivíduo; neste sentimento perfeitamente individualizado e realizado, os pais intuem a sua unidade como realidade, são esse mesmo sentimento, e ele é a sua identidade e termo médio trazidos à luz e feitos visíveis; a racionalidade real da natureza, em que a diferença dos sexos é plenamente extirpada, e os dois estão em unidade absoluta; substância viva.

ββ) A intuição subsumida no conceito é o termo médio na diferença; ou é apenas a forma, em que está o termo médio real, mas a substância é matéria morta; o termo médio é como tal inteiramente exterior segundo a diferença do conceito, o interior é pura quantidade vazia. Este termo médio é o *utensílio*. Este, porque nele a forma ou o conceito é o que domina, está arrancado à natureza, à qual pertence o termo médio do amor sexual, e está na idealidade, enquanto pertencente ao conceito, ou é a absoluta realidade, que está presente segundo a essência do conceito. No conceito, a identidade é irrealizavelmente vazia, ele mostra apenas os extremos aniquilando-se. A aniquilação é aqui impedida, a vacuidade é real e igualmente os extremos são fixados. Por um lado, o utensílio é subjetivo, em poder do sujeito que trabalha, e totalmente determinado, preparado e elaborado pelo mesmo; por outro, é objetivo, dirigido contra o objeto do trabalho. Mediante este termo médio, o sujeito suprime a imediatidade da aniquilação; com efeito, o trabalho, enquanto aniquilação da intuição, é também uma aniquilação do sujeito, uma negação, que põe nele uma pura quantitatividade; por ele se embotam a mão e o espírito, isto é, assumem eles próprios a natureza do negativo e do informe, da mesma maneira que, por outro lado (pois o negativo, a diferença desdobrou-se), o trabalho é algo de subjetivo pura e simplesmente singular. No utensílio, o sujeito institui um termo médio entre ele e o objeto, e semelhante termo médio é a racionalidade real do trabalho; com efeito, que o trabalho enquanto tal e o objeto elaborado sejam eles próprios meios é uma condição formal de termo médio, em virtude de aquilo para que eles são estar fora deles, portanto, a relação do subjetivo ao objetivo permanece uma relação plenamente cindida, simplesmente interna ao sujeito no pensamento da inteligência. No utensílio, o sujeito separa de si o seu embotamento e objetividade, entrega um outro à aniquilação e arroja para ele a parte subjetiva da mesma; ao mesmo tempo, o seu trabalho deixa de ser algo de singular; a subjetividade do trabalho elevou-se no utensílio a um universal; cada qual pode copiá-lo e também trabalhá-lo; o utensílio é a este respeito a regra permanente do trabalho.

Em virtude desta racionalidade do utensílio, ele figura como termo médio, mais alto do que o trabalho, e também do que o objeto elaborado (para a fruição, de que aqui se fala), e do que a fruição, ou o fim; e é por isso também que todos os povos que se encontram na potência da natureza honraram tanto o utensílio; e em Homero encontramos a mais bela expressão da veneração perante o utensílio e da consciência a seu respeito.

γγ) O utensílio encontra-se sob a dominação do conceito e, por conseguinte, pertence ao trabalho diferente ou mecânico; a criança é o termo médio enquanto intuição absolutamente pura, simples. Mas a totalidade dos dois deve precisamente ter esta simplicidade, ao mesmo tempo porém também a idealidade do conceito; por outras palavras, na criança, a idealidade dos extremos do utensílio deve ingressar na sua essência substancial; e, no utensílio, importa que uma idealidade ingresse desse modo no interior morto, e que a realidade dos extremos se desvaneça; é necessário haver um termo médio, que seja perfeitamente ideal. Como idealidade absoluta, há apenas o conceito absoluto, ou a inteligência; o termo médio deve ser inteligente, mas não individual nem subjetivo; uma manifestação do conceito absoluto, a qual infinitamente se desvanece e expõe; um corpo etéreo leve, que desaparece tal como se formou; não uma inteligência subjetiva nem um acidente da mesma, mas a própria racionalidade enquanto é real, porém, de um modo tal que esta própria realidade é ideal e infinita e, no seu ser, é imediatamente também o seu contrário, a saber, não ser; por conseguinte, um corpo etéreo, que exibe os extremos, é pois real segundo o conceito, mas tem também a sua idealidade de maneira que a essência deste corpo é parecer imediatamente, e que a sua manifestação é este nexo recíproco imediato do manifestar e do parecer. Semelhante termo médio é assim inteligente, é subjetivo, ou nos indivíduos da inteligência, mas é objetivamente universal na sua corporeidade, e aquele ser-subjetivo é imediatamente enquanto objetividade, em virtude da imediatidade da natureza desta essência. Este termo médio racional ideal é o *discurso*, o utensílio da razão, o filho do ser inteligente. A substância do discurso é, tal como a criança, o que há de mais indeterminado, de mais puro, de mais negativo, de mais assexuado, e capaz de todas as formas em virtude da sua plasticidade e transparência absolutas; a sua realidade é plenamente assumida na idealidade e é ao mesmo tempo individual; tem forma ou uma realidade, é um sujeito, um ente por si; deve deste modo distinguir-se do conceito formal do discurso, para o qual a objetividade como tal é um discurso; mas esta objetividade é apenas uma abstração; com efeito, a realidade do objeto é subjetiva de um modo diferente do modo como é subjetivo o objeto; a objetividade não é em si mesma absoluta subjetividade.

A totalidade do discurso na forma das potências

I) da natureza, ou da identidade interna, a assunção não consciente de um corpo, que tão depressa desaparece como é, mas que é um singular, tem apenas a forma da objetividade, não se sustém em si e em relação a si mesmo, mas aparece numa realidade e substância estranhas. O *gesto*, a mímica e a sua totalidade, a afeção do olho, não são a objetividade fixa ou a abstração da mesma, mas são efémeras, um acidente, um jogo ideal movente; mas esta idealidade é apenas jogo num outro, que é o sujeito, a substância do sujeito; semelhante jogo exprime-se como sensação e diz respeito à sensação, ou é na forma de pura identidade, certamente articulada, mutável; mas ele é justamente tudo isso em cada momento, sem a idealidade do seu objetivo e sem a corporeidade própria, a que a natureza não pode chegar.

II) Subsumida a intuição do discurso no conceito, o discurso tem um corpo; com efeito, a sua natureza ideal é posta no conceito e o corpo é o fixado, o seu portador; este corpo é uma matéria externa, mas que como tal é inteiramente aniquilada na sua interioridade e no seu ser-para-si substanciais, sem significado e é ideal; mas porque o conceito é o que domina, este corpo é algo de morto, que em si não se aniquila infinitamente, mas é aqui aniquilado na diferença, só de um modo exterior ao mesmo. Pelo que o seu ser-duplicado é igualmente uma exterioridade; nada mais exprime a não ser a relação ao sujeito e ao objeto, de que ele é o termo médio ideal; mas ele ilumina este nexo por um movimento subjetivo de pensamento fora do mesmo. Exprime negativamente semelhante nexo por si mesmo, mediante o seu ser-aniquilado como sujeito, ou ter por si uma significação própria, pela sua ausência de significação interna, de tal modo que ele é o termo médio enquanto é uma coisa, uma determinidade por si e, no entanto, nada é por si, nenhuma coisa, é imediatamente o contrário de si mesmo; é por si e pura e simplesmente não por si, mas um outro, portanto, o conceito absoluto é aqui realmente objetivo. *Signo corporal*; é a idealidade do utensílio, tal com a mímica é a idealidade da criança; e assim como é mais racional fazer um utensílio do que uma criança, assim também um sinal corporal é mais racional do que um gesto.

O sinal, em virtude de corresponder ao conceito absoluto, não exprime nenhuma figura a não ser a do conceito absoluto assumido na indiferença; mas, uma vez que exprime apenas o conceito, está ligado ao formal, ao universal; assim como a mímica e os gestos são uma linguagem subjetiva, assim o sinal corporal é uma linguagem objetiva; tal como a linguagem subjetiva não se cinde nem se liberta do sujeito, assim também a linguagem objetiva permanece algo de objetivo, e não traz imediatamente em si mesma o seu subjetivo, o conhecer; eis porque está também afixo ao objeto e nele, mas independentemente dele, de tal modo que não é uma determinidade do mesmo, mas apenas lhe é acrescentado e permanece casual em relação a ele, exprime justamente pela acidentalidade do nexo uma relação a algo de subjetivo, que é porém representado de um modo indeterminado e deve, antes de mais, ser acrescentado pelo pensamento; exprime, portanto, também a relação de posse de um objeto perante o sujeito.

III) O *discurso sonoro* unifica a objetividade do sinal corporal e a subjetividade do gesto; a articulação do último com o ser por si do primeiro; é o termo médio das inteligências, *logos*, o seu vínculo racional. A objetividade abstrata, que é um reconhecer mudo, obtém no discurso sonoro um corpo próprio independente, para si, mas que é segundo o modo do conceito, a saber, um corpo que a si mesmo imediatamente se aniquila; com o discurso sonoro, o interior expõe-se imediatamente na sua determinidade, e o indivíduo, a inteligência, o conceito absoluto, exibem-se no mesmo imediatamente como algo de puramente singular e fixo, ou o discurso sonoro é a corporeidade da singularidade absoluta, pela qual toda a indeterminação se articula e se fixa; e é justamente por semelhante corporeidade que ele é imediatamente o reconhecer absoluto. A ressonância do metal, o rumorejar da água e o bramido do vento não são nada que, a partir do interior, da subjetividade absoluta, se transmude no seu contrário, mas surgem antes mediante o movimento a partir de fora. A voz do animal brota da sua pontualidade, ou do seu ser-conceito, mas pertence, tal como o todo do animal, à sensação; os animais, na sua maioria, berram em perigo de morte, é única e simplesmente um emergir da subjetividade, algo de formal, de que a mais elevada articulação no canto das aves não provém da inteligência, não deriva da metamorfose anterior da natureza em algo de subjetivo. A solidão absoluta, em que a natureza se encontra na inteligência, falta ao animal; este não a retomou em si mesmo e não gera a sua voz a partir da totalidade que reside em semelhante solidão, mas a sua voz é algo de vazio, desprovido de totalidade, formal. A corporeidade do discurso, porém, representa a totalidade resumida na individualidade; a irrupção absoluta no ponto absoluto do indivíduo, cuja idealidade se encontra interiormente dispersa num sistema. O discurso sonoro é a suprema floração da primeira potência; nesta, porém, não é considerada segundo o seu conteúdo, mas formalmente, como a abstração da suprema racionalidade e como figura da singularidade; mas enquanto puro discurso, não vai além da singularidade.

O negativo desta potência é a necessidade, a morte natural, a violência e a devastação da natureza, também dos homens entre si ou em relação como a natureza orgânica; mas relação natural.

B. *Segunda potência da infinidade, idealidade, no formal ou na relação*

Ela é a subsunção da intuição no conceito, ou a emergência do ideal e o tornar-se-determinado do particular ou do singular graças ao mesmo; o ideal tem causalidade, mas enquanto puro ideal; com efeito, esta potência é também uma potência formal; o ideal é somente a abstração do ideal; não se trata ainda de se ele, enquanto tal, se constitui para si e se torna uma totalidade; assim como na potência anterior o singular dominava, assim aqui é dominante o universal; na primeira, este permanece oculto, um interior, e o próprio discurso considera-se aí apenas como um singular, na sua abstração.

Na presente subsunção, a singularidade cessa imediatamente; torna-se um universal, que tem simplesmente relação a outros. Mas, para lá deste conceito formal, a relação viva natural torna-se também uma relação fixa, o que antes não era; a universalidade deve também pairar sobre esta relação viva natural e submetê-la. O amor, o filho, a formação, o utensílio e o discurso são objetivos e universais, são conexões e relações, mas naturais, insubmissas, fortuitas, não controladas, não incluídas na universalidade;

a universalidade não brotou nelas e a partir delas próprias, nem se lhes contrapõe.

Considerada esta universalidade que subsume por parte da particularidade, nada há nesta potência que não tenha relação a outras inteligências, de modo que uma igualdade se põe entre elas, ou é a universalidade que assim nelas aparece.

a)

A subsunção do conceito na intuição

A relação ao particular do universal que lhe é oposto, tal como ela se manifesta no particular, ou a subsunção da mesma na intuição; o universal que domina no próprio singular ou particular refere-se exclusivamente a este singular; ou o singular é o primeiro, e não o ideal que sobre ele paira, nem uma multiplicidade de particulares no mesmo subsumidas. Este existe na relação puramente prática, real, mecânica do trabalho e da posse.

I) O particular, para o qual o universal se transpõe, torna--se assim ideal, e tal idealidade é um repartir do particular; o objeto total não é aniquilado em geral segundo a determinidade, mas o trabalho, que visa o objeto como um todo, reparte-se em si mesmo e torna-se um trabalhar singular; e este trabalhar singular torna-se mecânico justamente porque dele se exclui a multiplicidade, por conseguinte, ele próprio se torna um trabalho mais universal, mais estranho à totalidade. Este género de trabalhar, que assim se reparte, pressupõe ao mesmo tempo que o resto das necessidades se preserva de um outro modo, já que elas devem também ser elaboradas – mediante o trabalho de outros homens. No embotamento do trabalho mecânico, porém, reside imediatamente a possibilidade de dele inteiramente se separar, porque o trabalho é totalmente quantitativo, sem diversidade, por conseguinte, o subsumir do mesmo suprime--se na inteligência, pelo que algo de absolutamente exterior, uma coisa, pode utilizar-se em virtude do seu ser igual a si e igualmente no seu trabalho enquanto movimento seu. Trata-se apenas de encontrar para tal um princípio igualmente morto do movimento, um poder autodiferenciante da natureza, como o movimento da água, do vento, do vapor, etc., e o utensílio transmuda-se em *máquina*, visto que a própria inquietude do subjetivo, do conceito, se põe fora do sujeito.

II) Assim como aqui se determinam o sujeito e o seu trabalho, também se determina o produto do trabalho. É um produto singularizado e, por conseguinte, pura quantidade para o sujeito; visto que não se encontra em relação com a totalidade das necessidades, mas as ultrapassa, quantidade em geral, e na abstração. Semelhante posse perdeu assim a sua significação para o sentimento prático do sujeito, já não é necessidade para o mesmo, mas *excedente;* por isso, a sua relação ao uso é uma relação universal e – pensada esta universalidade na sua realidade – uma relação ao uso dos outros. Porque o produto do trabalho é por si, em relação ao sujeito, uma abstração da necessidade em geral, tal abstração é uma possibilidade universal do uso, não do uso determinado, que ela exprime, pois este é separado do sujeito.

III) O sujeito não é simplesmente determinado como possuidor, mas é inserido na forma da universalidade; como um sujeito singular em relação com outros, e universalmente negativo enquanto sujeito possuidor reconhecido; com efeito, o reconhecer é o ser-singular, a negação, de tal modo que ela permanece fixa como tal, mas é ideal, nos outros, simplesmente a abstração da idealidade, e não a abstração da idealidade neles. A posse é, nesta perspetiva, *propriedade:* mas a abstração da universalidade na mesma é o *direito* (é ridículo querer considerar tudo como direito, sob a forma desta abstração; é algo de inteiramente formal α) infinito na sua multiplicidade, e desprovido de totalidade; β) e sem qualquer conteúdo, em si). O indivíduo, em si e por si, não é absolutamente proprietário, possessor por direito; a sua personalidade, ou a abstração da sua unidade e singularidade, é apenas uma abstração e uma coisa de pensamento. Também não é na individualidade que residem o direito e a propriedade, pois ela é a identidade absoluta, ou também uma abstração; mas o direito reside somente na relativa identidade da posse, enquanto esta identidade relativa tem a forma da universalidade. O direito à propriedade é o direito ao direito; o direito de propriedade é o lado, a abstração ligada à propriedade, segundo o qual é um direito; por outro lado, o particular, a posse subsiste.

O *negativo* desta potência é, perante o universal, a relação da liberdade, ou o negativo, enquanto ele se constitui positivamente e se põe na diferença contra o universal, portanto, em relação ao mesmo, e não a carência e o envolvimento da diferença; nesta última perspetiva não desenvolvida, as potências precedentes seriam o negativo da diferença.

O negativo mecânico, que se opõe e não se ajusta a uma particularidade determinada pelo sujeito, não vem aqui ao caso; não é para esta determinidade, enquanto é prática, mas semelhante perspetiva pertence totalmente à natureza. – O negativo entra aqui em consideração só enquanto contradiz o universal como tal, e enquanto uma singularidade o nega e dele abstrai, não na medida em que a singularidade aniquila verdadeiramente a sua forma – pois aí o negativo põe o universal como verdadeiramente ideal, e põe-se a si mesmo como um com ele –, ao passo que quando o negativo não pode aniquilar o universal, não pode com ele unificar-se, mas está na diferença em relação a ele. – O negativo consiste, pois, no não reconhecimento da propriedade, na supressão da mesma; mas a propriedade põe-se aqui como não necessária, não referida ao uso e à fruição do sujeito; a própria matéria, enquanto se põe como algo de universal, é assim tal enquanto um negativo, a relação do sujeito à matéria determina-se também como uma relação simplesmente possível. A negação pode, pois, dizer respeito simplesmente a esta forma, ou à matéria não enquanto ela própria, mas enquanto universal; suprime-se um excedente, o que por si já não tem relação alguma à necessidade, excedente que tem a determinação de sair da relação de posse. Se tal supressão, a negação, é conforme ou não à determinação é o que deve resultar da potência seguinte.

b)

A subsunção da intuição no conceito

Põe-se uma relação do sujeito ao seu trabalho excedentário, que nesta relação com o mesmo sujeito não tem nenhuma relação real com a fruição. Mas, ao mesmo tempo, semelhante relação sobressaiu como um universal, ou como uma pura abstração, ou um infinito, a posse no direito enquanto propriedade. Segundo a sua natureza, porém, o que se possui tem apenas uma relação real ao sujeito, à aniquilação, e a relação, anteriormente ideal, da posse ao sujeito deve agora tornar-se real. O infinito, enquanto o positivo desta potência, é em geral o estável, e deve perdurar, a saber, o direito; de igual modo a relação ideal da posse, e, no entanto, a posse deve realizar-se. A potência total em geral é a diferença, a dimensão aqui presente é igualmente diferença; portanto, diferença da diferença; antes, a diferença em repouso, aqui a diferença em movimento; no conceito, reside a diferença, a relação de um sujeito a algo de determinado como simplesmente possível. Graças à nova diferença, a relação do sujeito ao seu trabalho suprime-se, mas porque a infinidade, o direito como tal deve permanecer, introduz-se assim, segundo o conceito, na relação ideal do excedente, a relação oposta, real, ao uso e à necessidade; a separação é mais forte, mas justamente por isso também mais forte é o impulso para a unificação; assim como o íman mantém separados os seus polos sem inclinação dos mesmos, antes porém se repelem, esta identidade, suprimida, a eletricidade, separação mais forte, oposição real, é impulso para a unificação. O que aqui se suprime é o ser-um com o objeto mediante o próprio trabalho, determinação individual específica do objeto (magnetismo); o que vem para o lugar é a diferença real, o ser-suprimido da identidade do sujeito e do objeto; e assim aniquilação real do oposto, ou uma diferença, que tem uma relação com a necessidade. Em toda esta potência (*a* e *b*) é que começam a identidade geral e as potências verdadeiras da inteligência prática; com o trabalho excedentário, ela deixa, na necessidade e no trabalho, de pertencer à necessidade e ao trabalho. A relação com um objeto, que a inteligência prática adquire para a necessidade e o uso, relação que aqui se põe e que ela própria não elaborou para seu uso, no qual não aniquila o seu próprio trabalho, é o começo da fruição e da posse jurídicas, formalmente éticas.

O absoluto, o indestrutível na potência, é o conceito absoluto, o próprio infinito, o direito, que na primeira potência está em repouso, ou existe na sua oposição e, por isso, está interiormente oculto e latente; na segunda potência, está em movimento, o acidente suprime-se mediante o acidente, passa através do nada, por conseguinte, o direito emerge e opõe-se como causalidade.

A pura infinidade do direito, a sua indivisibilidade, refletida na coisa, no próprio particular, é a *igualdade* da coisa com outros, e a abstração desta igualdade de uma coisa com outros; a unidade e o direito concretos são o *valor;* ou antes o próprio valor é a igualdade como abstração, a medida ideal; mas a medida efetivamente encontrada, a medida empírica, é o *preço.*

Na supressão da relação individual permanecem α) o direito, β) o direito que aparece em entidades determinadas na forma da igualdade, ou o valor; γ) mas o objeto individualmente referido perde esta relação e δ) ingressa no seu lugar algo de realmente determinado que se refere ao desejo.

α) A essência interior desta substituição real é, como se mostrou, o conceito que permanece igual; mas o mesmo conceito realmente nas inteligências e, claro está, nas inteligências necessitadas, que se referem ao mesmo tempo a um excedente e a uma necessidade carecente; cada qual empreende a transformação do individual, do que se refere ideal e objetivamente à necessidade, em algo de subjetivamente referido à necessidade. Tal é a *troca;* a realização da relação ideal. A propriedade introduz-se na realidade através da pluralidade das pessoas compreendidas na troca, enquanto elas reciprocamente se reconhecem; o valor entra na realidade das coisas; e em cada uma delas como excedente; o conceito enquanto a si se move, se aniquila no seu contrário, assume o outro oposto, ingressa no lugar do que anteriormente se possuía; e, decerto, de um modo tão determinado que o anteriormente ideal, que agora se introduz, é um real, pois a potência precedente é a da intuição;

a potência presente é a do conceito; aquela é ideal, esta aqui é a primeira segundo a natureza; o ideal no prático antes da fruição.

β) A substituição é dupla na sua exterioridade, ou antes é uma repetição de si mesma; com efeito, o objeto universal, o excedente e, em seguida, o particular da necessidade são, quanto à matéria, um só objeto, mas as suas duas formas são necessariamente repetições do mesmo. O conceito, a essência, porém, é a própria transformação, e visto que o absoluto desta última é a identidade do que se opõe, a questão é então saber como é que esta pura identidade, esta infinidade, se deve exibir como tal na realidade.

A transmissão na troca é uma série diversa, repartida, dispersa dos momentos singulares do todo; pode ocorrer num momento, num só presente em virtude da transferência simultânea para outro da posse recíproca; mas, se o objeto é diverso, também o é a transmissão, e a contraparte exigida é uma contraparte diversa e, ao mesmo tempo, até ser total a contraparte não é, não existe no começo, não se encontra no desenvolvimento ou só existe como salto. A própria troca torna-se assim algo de incerto por causa das circunstâncias empíricas que aparecem como o modo gradual da *prestação*, adiamento de toda a prestação para um tempo ulterior, etc.; falta no fenómeno o momento, o presente. É algo inteiramente formal que a prestação seja um interior e pressuponha a veracidade; com efeito, trata-se justamente de que a troca não ocorreu, a substituição e a transmissão não se realizaram, e a incerteza funda-se na variedade e na dispersão e na possibilidade de dela abstrair, ou na liberdade.

(O terceiro desta segunda potência b.)

γ) Esta irrazão, ou a oposição desta possibilidade e liberdade vazias à realidade efetiva e ao fenómeno, deve superar-se; ou o interior das inteligências, que levam a cabo a troca, deve igualmente emergir; esta liberdade deve tornar-se igual à necessidade de maneira que a transmissão se remova das suas contingências empíricas e que o termo médio da mesma, a identidade, se ponha como algo de necessário e de estável. Resta a natureza e a forma da troca, mas esta última é integrada na quantidade e na universalidade.

A transformação da troca é o *contrato*. Nele, o momento do presente absoluto, que reside na pura troca, configura-se em termo médio racional, que não só tolera as manifestações empíricas da troca, mas, para ser uma totalidade, as exige como uma diferença necessária, que no contrato é indiferenciada. Em virtude da necessidade, que a transmissão adquire no contrato, o empírico, a disjunção da prestação recíproca no fenómeno, a unidade do presente, tornam-se algo de indiferente e de contingente, que em nada prejudica a segurança do todo; é como se a própria prestação já tivesse acontecido; o direito deste singular à sua coisa transferiu-se já para outro, e a própria transmissão deve considerar-se ocorrida; o fenómeno exterior de ainda não se ter realizado a prestação e de a transmissão não se ter ainda exibido na realidade empírica é inteiramente empírico e contingente, ou antes aniquilado; a propriedade é, pois, totalmente subtraída à relação exterior, pela qual ela não só se caracteriza como posse, mas é ainda posse para o indivíduo que já levou a cabo a transferência.

δ) Por conseguinte, o contrato transmuta a transmissão de real em ideal, mas de um modo tal que esta transmissão ideal é a transmissão verdadeira e necessária, pelo que o próprio contrato, para ser tal, deve ter absoluta realidade; a idealidade ou universalidade que o momento do presente adquire deve, pois, existir; mas a própria realidade reside por cima da esfera desta potência formal; daí se segue formalmente que a idealidade como tal e ao mesmo tempo como realidade em geral nada mais pode ser do que um espírito, o qual, ao exibir-se como existente e em que os contraentes se aniquilam como singulares, é o universal que os subsume, a essência absolutamente objetiva e o termo médio unificador do contrato; graças ao ser-um absoluto nele ínsito, suprimem-se a liberdade e a possibilidade em relação aos membros da transmissão; o ser-um não é um interior, fidelidade e fé, em que o indivíduo subsuma em si a identidade, mas o indivíduo é que é o subsumido perante o absolutamente universal; por conseguinte, o arbítrio e a particularidade do indivíduo são excluídos, uma vez que no contrato se apela para esta absoluta universalidade; mas se toda a força desta última ingressa igualmente no contrato, então, isso acontece no entanto só de modo formal; as determinidades, que são por ela ligadas e nela subsumidas, são e permanecem determinadas; põem-se apenas na infinidade empírica, como esta ou aquela ou seja ela qual for, mas são consistentes; consideram-se como a singularidade dos indivíduos ou das coisas, acerca dos quais se realizou o contrato; e eis porque a verdadeira realidade não pode incidir nesta potência; com efeito, o lado da realidade é aqui uma finidade que existe por si, que não deve aniquilar-se na idealidade; eis porque é impossível que a realidade seja uma verdadeira e absoluta.

c)

A potência da indiferença de a *e de* b

A terceira potência é a indiferença das que precedem; a relação da troca e do reconhecimento de uma posse e, por conseguinte, a propriedade – que até aqui se referia ao singular – torna-se aqui totalidade; mas sempre no meio da própria singularidade; ou a segunda relação é retomada na universalidade, no conceito do primeiro.

α) A identidade relativa ou a relação.

O excedente posto na indiferença, enquanto universal e possibilidade de todas as necessidades, é o *dinheiro;* da mesma maneira que o trabalho, que leva ao excedente e ao mesmo tempo visa de modo mecanicamente uniforme a possibilidade da troca universal e da aquisição de todas as necessidades. Assim como o dinheiro é o universal, a abstração das necessidades, e as mediatiza a todas, assim também o *comércio* é a mediação posta como atividade que troca excedente contra excedente.

β) Mas a intuição desta totalidade, da mesma, no entanto, enquanto singularidade, é o indivíduo enquanto indiferença de todas as determinidades, e do modo como ele se exibe como tal enquanto totalidade.

I) Formalmente, na simplicidade ou intuição, o indivíduo é a diferença de todas as determinidades e, como tal, é um *vivente* formal, e reconhece-se como tal; assim como antes era apenas como possessor de coisas singulares, assim aqui surge enquanto é para si no todo; mas porque o indivíduo como tal é pura e simplesmente um com a vida, não apenas em relação com ela, também não se pode dizer acerca da vida, como a propósito das outras coisas com que ela apenas está em relação, que o indivíduo a possui; isto só tem sentido porquanto o indivíduo não é um tal indivíduo, mas um sistema absolutamente total, por conseguinte, a sua singularidade e a vida são postas como uma coisa, como algo de particular. O reconhecimento deste ser-vivo formal é, tal como o reconhecimento e a intuição empírica em geral, uma idealidade formal; a vida é a mais alta indiferença do singular, mas ao mesmo tempo é pura e simplesmente algo de formal, porquanto é a unidade vazia das determinidades singulares, e não se põe assim nenhuma totalidade e nenhuma integralidade reconstruindo-se a partir da diferença. Enquanto é o absolutamente formal, a vida é também justamente por isso a subjetividade absoluta, ou o conceito absoluto, e o indivíduo, considerado sob esta abstração absoluta, é *a pessoa*. A vida do indivíduo é a abstração levada ao mais alto grau, da sua intuição, mas a pessoa é o puro conceito dessa mesma intuição e, claro está, este conceito é o próprio conceito absoluto. Neste reconhecimento da vida, ou no pensamento do outro como conceito absoluto, este existe como ser livre, como possibilidade de ser o contrário de si mesmo em relação a uma determinidade; e no singular como tal nada há que não possa considerar-se como determinidade; pelo que se põe também nesta liberdade a possibilidade do não-reconhecimento e da não-liberdade. Todas as coisas são igualmente, graças ao seu conceito, a possibilidade de serem o contrário de si mesmas; mas são na absoluta determinidade, ou são potências inferiores da necessidade; não a indiferença de todas, mas na absoluta diferença quanto a outras; mas a inteligência ou a vida do homem é a indiferença de todas as determindades.

II) O reconhecer formal, desprovido de relação, na relação e na diferença, ou segundo o conceito.

Neste reconhecer, o indivíduo vivo encontra-se perante o indivíduo vivo, mas com desigual poder da vida; um é, pois, o poder ou a potência para o outro; é a indiferença, enquanto o outro está na diferença; aquele comporta-se, portanto, em relação a este como causa; enquanto sua indiferença, é a sua vida, a sua alma ou espírito. A maior força ou fraqueza nada mais é do que um ser compreendido numa diferença, nela ser fixado e determinado de um modo qualquer, segundo o qual o outro não é determinado, mas é livre; a indiferença do não-livre é o seu interior, algo de formal, de não sobrelevado e não destruidor da diferença; mas tal indiferença deve pura e simplesmente ser para o mesmo; é o seu interior oculto e, por conseguinte, ele divisa-a como o seu contrário, a saber, como algo de exterior, e a identidade é uma identidade relativa, não uma identidade absoluta nem um termo médio. A relação de que o indivíduo indiferente e livre é o indivíduo poderoso, perante o diferente, é a relação da *dominação* e da *servidão*.

Esta relação é imediata e absolutamente posta com a desigualdade do poder da vida; não deve aqui pensar-se em nenhum direito nem em qualquer igualdade necessária. A igualdade nada mais é do que a abstração, e o pensamento formal da vida, da primeira potência, pensamento simplesmente ideal e sem realidade. Pelo contrário, é na realidade que se põe a desigualdade de vida e, deste modo, a relação [de dominação] e de servidão; com efeito, na realidade existe a figura e a individualidade e o fenómeno, por conseguinte, a diversidade da potência ou do poder; ou a identidade relativa, segundo a qual um indivíduo se põe como indiferente, mas o outro como diferente. A pluralidade é aqui a pluralidade dos indivíduos, pois na primeira potência pôs-se na formalidade da vida a absoluta singularidade, enquanto forma do interior, visto que a vida é a forma da indiferença exterior. E onde há pluralidade de indivíduos, há uma relação dos mesmos; e tal relação é dominação e servidão, que são imediatamente o próprio conceito desta relação, sem transição e conclusão, como se houvesse ainda de mostrar-se um outro fundamento qualquer.

À natureza são inerentes a dominação e a servidão, porque os indivíduos se encontram em recíproca oposição em semelhante relação; e visto que na referência ao que há de mais ético os indivíduos enquanto tais ingressam em relação, e se trata da configuração do ético, como ocorre mediante a mais alta individualidade do génio e do talento, põe-se assim a relação da dominação e da obediência. Formalmente, é a mesma coisa, a diferença reside em que, na dominação e obediência éticas, a potência ou poder é ao mesmo tempo um absolutamente universal; aqui, pelo contrário, é apenas algo de particular; além, a individualidade é somente o exterior e a forma, aqui, é a essência da relação e, por isso, tal relação é aqui uma relação de servidão, pois a servidão é a obediência perante o singular e o particular.

O senhor é a indiferença das determinidades, mas simplesmente como pessoa ou como um formalmente vivente. É ao mesmo tempo sujeito ou causa. A indiferença é subsumida no ser-sujeito ou no conceito; e o servo reporta-se ao senhor como à indiferença formal ou à pessoa. Porque o que manda existe aqui como pessoa, o que é posto no senhor sob a forma da indiferença, no servo, porém, na forma da diferença, não é o absoluto, a ideia, o que é idêntico em ambos, mas é a particularidade em geral, a necessidade no prático, que constitui o laço dos dois. O senhor encontra-se na posse de um excedente do fisicamente necessário em geral, e o outro na carência desse mesmo necessário e, claro está, de um modo tal que esse excedente e também essa carência não são lados singulares, mas a indiferença das necessidades indispensáveis.

III) Esta relação da servidão ou da pessoa à pessoa, da vida formal à vida formal, em que uma se encontra na forma da indiferença, e a outra na forma da diferença, deve ser indiferenciada ou subsumir-se na primeira potência, de maneira que persista a mesma relação de personalidade, de dependência de um a respeito do outro; porém, de um modo tal que a identidade seja uma identidade absoluta, embora interior, não trazida à luz, e que a relação da diferença seja apenas a forma exterior. Mas é necessário que a identidade permaneça interior, porque em toda esta potência ela é apenas ou uma identidade formal (direito) pairando sobre o particular e a ele oposta, uma identidade interna, a saber, que está subsumida na intuição da particularidade, na individualidade como tal; portanto, aparece como natureza, não como uma identidade que subjuga um oposto, ou como natureza ética, na qual aquele oposto será igualmente suprimido, mas de uma maneira tal que a particularidade e a individualidade são o subsumido.

Esta indiferença da relação de dominação e de servidão, na qual, pois, a personalidade e a abstração da vida são absolutamente uma só e mesma coisa, e na qual esta relação é apenas o exterior, o que aparece, é *a família*. Nela se unifica a totalidade da natureza e tudo o que precede, toda a particularidade anterior se transpõe nela para o universal. Ela é a identidade

α) das necessidades exteriores,

β) da relação dos sexos, da diferença natural posta nos próprios indivíduos, e

γ) da relação dos pais aos filhos ou da razão natural, trazida à luz do dia, mas existente como natureza.

α) Em virtude do ser-um natural absoluto do homem, da mulher e da criança, em que cessa a oposição da personalidade e do sujeito, o excedente não é propriedade de um; com efeito, a indiferença não é formal segundo o direito. É, pois, também caduco todo o contrato sobre a propriedade, a prestação de serviços e coisas semelhantes; efetivamente, tudo isto se funda no pressuposto da própria personalidade; mas os excedentes, o trabalho, a propriedade são absolutamente comuns, em si e por si, e à morte de um não há uma transição de um para um estranho, mas cessa apenas a participação do defunto na propriedade comum.

A diferença é a diferença superficial da dominação. O homem é o senhor e o intendente; não proprietário por oposição aos outros membros da família. Como administrador, tem unicamente a aparência da livre disposição. O trabalho também está repartido segundo a natureza de cada membro, mas o seu produto é comum; cada qual elabora justamente graças a esta repartição um excedente, mas não como sua propriedade. A transferência não é uma troca, mas é imediata, comunitária em si e por si.

β) A relação dos sexos, da mulher com o homem, indiferencia-se também à sua maneira. Já se disse em α que eles são uma só coisa, segundo a determinidade da personalidade, isto é, segundo a posse. Mas a relação sexual fornece à indiferença uma forma peculiar; é em si algo de particular. O particular como tal transformado num universal, no conceito, pode tornar-se apenas um universal empírico. (Na religião, torna-se um outro universal.) A particularidade torna-se uma particularidade estável, duradoira, fixada. A relação sexual limita-se apenas a estes dois indivíduos entre si, e persiste para sempre; é, pois, *casamento*.

Visto que semelhante relação se funda num ser-particular dos indivíduos, cuja peculiaridade é estabelecida até pela natureza, não pelo arbítrio de uma abstração, esta abstração parece ser um contrato. Seria apenas um contrato negativo, que justamente suprime o pressuposto em que se baseia a possibilidade do contrato em geral, a saber, a personalidade ou o ser-sujeito, que no casamento se aniquila, visto que a pessoa inteira se dá como um todo. Mas o que, segundo a relação do contrato, se deveria tornar propriedade do outro, não poderia pura e simplesmente cair na sua posse. Uma vez que a relação é pessoal, permanece propriedade da pessoa, assim como em geral não é em si possível nenhum contrato sobre serviços pessoais, pois só o produto, e não o que é pessoal, se pode transferir para a posse do outro. O servo pode, enquanto todo da personalidade, tornar-se propriedade, e assim também a mulher; mas semelhante relação não é o casamento, também não é um contrato com o servo, mas contrato com outro a propósito do servo ou da mulher; em muitos povos, a mulher era assim comprada aos pais. Com ela própria, porém, nenhum contrato é possível, pois por ter justamente de se dar livremente no casamento ela remove consigo mesma, e também o homem, a possibilidade do contrato. O seu contrato teria como conteúdo não fazer contrato algum, portanto, suspender-se imediatamente.

Mas, mediante um contrato positivo, transformar-se-ia cada um numa coisa que se possui, poria a sua personalidade inteira como uma determinidade de si mesmo, à qual está ao mesmo tempo absolutamente ligado; porém, enquanto ser livre, deve considerar-se como não absolutamente ligado a determinidade alguma, mas com indiferença das determinidades. Esta determinidade deveria – assim faz Kant – considerar-se como as partes sexuais; mas pôr-se a si mesmo como *coisa* absoluta, como ligação absoluta a uma determinidade, é a suprema irracionalidade e infâmia.

γ) A própria família, no filho, subtrai-se ao seu ser-aí contingente, empírico, ou à singularidade dos seus membros, e assegura-se contra o conceito, por meio do qual as singularidades ou sujeitos se aniquilam. O filho é, perante o fenómeno, o absoluto, o racional da relação, o eterno e duradoiro, a totalidade que se reproduz como tal. Mas porque na família, enquanto suprema totalidade de que a natureza é capaz, a absoluta identidade permanece justamente algo de interior, e não é posta na própria forma absoluta, então, também a reprodução da totalidade é um fenómeno, o dos filhos. Na totalidade verdadeira, a forma é pura e simplesmente uma só coisa com a essência, portanto, o seu ser não é a forma dispersada na singularização dos momentos; aqui, porém, o que persiste é algo de diverso do ente; ou: a realidade transmite a sua persistência a um outro, que por seu turno só dura enquanto devém e transfere para outro o que nele não pode permanecer. A forma ou a infinidade é, pois, a forma empírica, negativa, do ser-outro, que suprime uma determinidade em virtude apenas de ele pôr outra, e precisamente só é positivo sempre num outro. O poder e o entendimento, a diferença dos pais, estão numa relação inversa com a juventude e o vigor do filho, e estes dois lados da vida esquivam-se, sucedem-se um ao outro e são exteriores entre si.

II

O negativo, ou a liberdade, ou o crime

O que precede tem como princípio a singularidade; é o absoluto subsumido no conceito, e todas as potências exprimem determinidades, e as indiferenças são formais, a universalidade opõe-se à particularidade, ou a particularidade só é indiferenciada em relação a particularidades inferiores, e estas indiferenças são, de novo, também particularidades. Por conseguinte, nenhuma determinidade é pura e simplesmente absoluta; cada qual pode ab-rogarse. A indiferença, a totalidade absoluta de cada potência não é em si, reside sob a forma, que é o que subsume. A superação das determinidades deve ser a superação absoluta, a assunção de todas as determinidades na universalidade absoluta.

Tal assunção é a assunção absoluta e positiva, mas é também simplesmente negativa. Assim como no que precede a forma absoluta se exprimiu como persistência da oposição, assim também se exprime a si no seu contrário ou no ser-aniquilado da oposição.

Mas este ser-aniquilado é o puramente negativo, é então dialético, o conhecimento da idealidade e a supressão real da determinidade; o negativo não se fixa, não está em oposição e, portanto, está no absoluto. A eticidade absoluta eleva-se sobre a determinidade em virtude de o negativo a ab-rogar, mas de um modo tal que ele a unifica com o seu contrário em algo de superior; portanto, não deixa em verdade subsistir o negativo e põe-no apenas com significação negativa, mas, graças à identidade perfeita com o seu contrário, ultrapassa a sua forma ou idealidade, tira-lhe justamente o negativo e torna-o absolutamente positivo ou real.

Inteiramente diversa é a superação negativa. Ela própria é superação contra superação, oposição perante a oposição, mas de um modo tal que a idealidade, a forma persiste igualmente nela, mas num sentido invertido, a saber, a superação mantém o ser-determinado ideal da singularidade e determina-o como algo de negativo, portanto, deixa persistir a sua singularidade e a sua singularidade e o seu ser-oposto, não ab-roga a oposição, mas transmuta a forma real na forma ideal.

No que precede, cada potência e cada realidade de uma potência é uma identidade dos opostos, absolutamente em si. É subsumida na forma, mas esta é algo de exterior. O real existe; a forma é o superficial; a sua determinidade é animada, indiferenciada; o real é, sem dúvida, algo de determinado, mas não para si mesmo; não é determinado, a sua essência não é posta como determinada. Agora, a forma enquanto negativo é essência. O real põe-se como um ideal; é determinado pela pura liberdade.

É a mesma transmutação como quando a sensação se põe como pensamento. Este permanece a mesma determinidade; o vermelho sentido permanece o vermelho pensado, mas o pensado é determinado ao mesmo tempo como um aniquilado, ab-rogado, negativo. A liberdade da inteligência elevou ao universal a determinidade da sensação vermelha, não a subtraiu à sua oposição a outras determinidades, mas apenas levou a cabo a falsa tentativa de o fazer. Refletiu sobre a sensação, integrou-a no infinito, mas de um modo tal que a finitude continua pura e simplesmente a existir. Transmutou a idealidade objetiva do tempo e do espaço em idealidade subjetiva. A idealidade objetiva é o ser-outro de forma que outros estão a seu lado; a idealidade, a infinidade é, segundo todas as relações, empiricamente posta como um outro por todos os lados; a idealidade subjetiva purifica a infinidade desta diversidade, proporciona-lhe a forma da unidade, conecta com a própria determinidade a infinidade que reside fora dela no objetivo ou ideal, em oposição ao real; e, se a determinidade enquanto real, enquanto sensação, tinha por assim dizer superficialmente fora de si a forma, a infinidade encontra-se agora aqui ligada a ela.

Pelo que no prático, que é em si e por si negativo, uma determinidade posta pelo mesmo é ela própria, de acordo com a potência precedente da necessidade, algo de objetivo, ideal e universal. A negação do pôr prático é a restauração da particularidade primeira, original, da oposição. Ao suprimir-se aquela objetividade, o pôr prático ingressa na violência das potências objetivas inorgânicas. Um assassínio suprime o vivo como singularidade, como sujeito, mas a eticidade faz outro tanto; a eticidade, porém, ab-roga a subjetividade, a determinidade ideal do mesmo; o assassínio suprime a sua objetividade, põe-no como um negativo, particular, que retorna à violência do objetivo, a que se subtraiu, em virtude de ele próprio ter sido um objetivo. A eticidade absoluta ab-roga imediatamente a subjetividade porque aniquila a mesma só enquanto determinidade ideal, enquanto oposição, mas deixa subsistir pura e simplesmente a sua essência; e fá-la subsistir e ser real em virtude de deixar à sua essência ser o que ela é; a inteligência permanece tal na eticidade.

Este negativo ou a liberdade pura visa, pois, a supressão do objetivo de um modo tal que transforma a determinidade ideal, apenas exterior e superficial na necessidade, o negativo, em essência, por conseguinte, nega a realidade na sua determinidade, mas fixa esta negação.

Tal negação, porém, deve submeter-se a uma ação oposta. Visto que a supressão da determinidade é apenas formal, ela continua a subsistir. É posta idealmente, mas persiste na sua determinidade real; e a vida é nela apenas lesada, não elevada mais alto e, por conseguinte, esta vida deve restaurar-se. Mas a lesão da vida não deve restaurar-se na sua efetividade (a restauração pela religião não visa a realidade efetiva), esta, porém, não visa a efetividade, e tal reconstrução pode apenas ser formal, porque visa uma efetividade como tal, um ser-fixado da negação. Ela é, por conseguinte, a igualdade externa; o negador transforma-se em causa e põe-se como indiferença negativa, mas por isso mesmo a proposição deve nele inverter-se e deve igualmente pôr-se, sob esta mesma determinidade da indiferença, aquilo mesmo que punha. O que ele negava deve também nele realmente negar-se, e deve de igual modo subsumir-se como ele subsumia; e tal inversão da relação é absoluta, pois no determinado é possível à razão apenas, mediante a posição simétrica de ambos os opostos, afirmar-se como indiferença, portanto, de um modo formal.

Com o *crime* encontra-se em absoluta conexão a *justiça vingadora*. É a necessidade absoluta que os liga, pois um é o oposto do outro, um é a subsunção oposta do outro. O crime, enquanto vitalidade negativa, enquanto conceito que se constitui em intuição, subsume o universal, o objetivo, o ideal; inversamente, a justiça vingadora, enquanto universal, enquanto objetivo, subsume de novo em si essa negação que se constitui em intuição.

Deve agora observar-se de que se fala aqui da reação ou inversão real e que a inversão ideal, imediata, segundo a necessidade abstrata do conceito está aqui contida em geral, mas nesta forma da idealidade é apenas uma abstração e algo de incompleto. A inversão ideal é a *consciência moral*, e apenas algo de interior, não interior e exterior ao mesmo tempo, algo de subjetivo, não simultaneamente objetivo. O criminoso também imediatamente se feriu e suprimiu a si mesmo idealmente no que pela aparência fere exteriormente e como a algo que lhe é estranho. A ação exterior é de igual modo ao mesmo tempo uma ação interior, o crime cometido no estranho é também cometido em si próprio. Mas a consciência da sua própria aniquilação é uma consciência moral subjetiva, interna, ou a má consciência. Esta é incompleta e deve exibir-se exteriormente como justiça vingadora. Como é algo de interior, de incompleto, impele por isso para uma totalidade. Trai, revela e trabalha por si mesma até que veja perante si, ameaçando exteriormente a sua realidade e como seu inimigo, a reação ou inversão ideal. Começa então a satisfazer-se, porque divisa no inimigo o começo da sua realidade. Produz contra si um ataque de modo a poder defender-se e, pela resistência ao ataque, aquietar-se em virtude de, perante a negação ameaçadora, defender a exigência mais universal, a indiferença e a totalidade, a saber, a vida, da qual também a consciência moral é uma determinidade. Pela vitória neste firme combate repete-se o impulso da consciência moral, e a sua reconciliação existe apenas no perigo de morte e cessa com esta. Mas, graças a cada vitória, quando sobrevém, aumenta o temor, o ser-aniquilado ideal; este faz pressão sobre a força vital, induz assim a fraqueza e, portanto, a realidade da justiça vingadora e, quando o inimigo não aparece logo exteriormente e a inversão da subsunção não está presente como a realidade, gera esta mesma.

a)

A primeira potência desta negação assim determinada é a potência formal, segundo a subsunção do conceito na intuição; a aniquilação por si, sem se referir a alguma outra coisa, sem pressupor uma carência determinada; mas pressupõe uma carência inteiramente determinada, universal, que nada visa de singular; dirige-se antes contra a abstração do cultivado. Eis a *aniquilação natural*, ou a destruição sem objetivo, a devastação. A natureza virou-se, pois, contra a cultura, que lhe confere a inteligência, e também contra a sua própria produção de seres organizados; e assim como o elemento, o objetivo, se subsume na intuição e na vida, assim também o elemento subsume de novo em si o organizado e o individualizado, e os aniquila; e tal aniquilação é devastação. Por conseguinte, no género humano, a formação alterna com a destruição; quando a formação causou durante bastante tempo dano à natureza inorgânica e determinou por todos os lados a sua ausência de forma, então irrompe a indeterminidade oprimida e a barbárie da destruição cai sobre o cultivado, limpa, liberta, nivela e iguala tudo. No seu maior esplendor, a devastação surge no Ocidente, e um Gengiscão, um Tamerlão limpam regiões inteiras do mundo como vassouras de Deus. Os bárbaros nórdicos, que atacam continuamente o sul, estão na determinidade do entendimento; a sua fruição depravada, que formaram para si numa variedade inferior, tem assim uma determinidade, e a sua devastação não é indiferentemente e apenas por mor da devastação. O fanatismo da devastação, porque é elemento absoluto e adota a forma da natureza, é insuperável no seu aspeto externo; pois, a diferença e o determinado submetem-se à indiferença e à indeterminidade; mas, como a negação em geral, o fanatismo tem em si a sua negação; se o informe se precipita na indeterminidade é porque não é, apesar de tudo, absolutamente informe, da mesma maneira que uma bolha de água se vai expandindo tanto até explodir em infinitas gotas pequenas; transita da sua pura unidade para o seu oposto, a ausência absoluta de forma da pluralidade absoluta, e torna-se assim forma plenamente formal, ou particularidade absoluta, e deste modo o informe torna-se o que há de mais fraco. Esta progressão da devastação em devastação absoluta e em transição absoluta para o seu oposto é a *fúria*, a qual, porque a devastação está totalmente no conceito, deve intensificar infinitamente o puro, o oposto, até ele ser o seu oposto e, portanto, ela se aniquilar a si mesma; ao permanecer no extremo, na abstração absoluta, ela é o impulso absoluto sem termo médio, o conceito absoluto na sua total indeterminidade, a inquietude da infinidade do conceito absoluto, inquietude que no seu ato de aniquilar os opostos entre si a si mesma se aniquila e nada mais é do que o ser-real da absoluta subjetividade. O conceito absoluto, o contrário imediato de si mesmo, é real porque o produto não é de modo algum identidade do subjetivo e do objetivo, mas pura objetividade, ausência de forma.

b)

Esta devastação subsumida no conceito, enquanto relação com diferença e determinidade, está imediatamente virada contra a relação positiva da diferença. A devastação da natureza, por ser na determinidade, pode apenas subtrair a posse; pressupõe-se que ela está justamente na mesma determinidade, tal como existe e portanto a deixa subsistir; a indiferença da posse ou o direito em nada lhe diz respeito; ela está apenas na particularidade. Mas o ético, graças à sua natureza de ser inteligência, é ao mesmo tempo objetivamente universal e, portanto, numa relação indiferente com um outro; a aniquilação de uma particularidade do ético – e aqui nenhuma outra aniquilação ocorre a não ser a que concerne a uma essência ética – é ao mesmo tempo aniquilação da indiferença e posição da mesma como algo de negativo; o positivo de semelhante pôr consiste em que a determinidade como tal permanece e apenas se põe com uma determinidade negativa. Deixar assim subsistir a determinidade, mas aniquilar a indiferença do reconhecimento é uma violação do direito, cuja manifestação, enquanto aniquilação real do reconhecimento, é também uma cisão da relação da determinidade ao sujeito; com efeito, o reconhecimento reconhece justamente esta relação, que em si é simplesmente ideal, como uma relação real; graças ao mesmo, é equivalente que o sujeito tenha consigo efetivamente vinculado a determinidade de um modo indivisível e absoluto, ou que esta unificação se tenha posto com ele em relação relativa, só na forma, na possibilidade; graças ao reconhecimento, torna-se indiferente a própria relação relativa, e ao mesmo tempo objetiva a sua subjetividade. A supressão real do reconhecimento supera também esta relação, e é *espoliação*, ou enquanto visa puramente o objeto integrado na relação, é *roubo*. Nesta relação do objeto ao sujeito, que existe na propriedade, mantém-se decerto a determinidade mediante a aniquilação da indiferença ou do direito, mas a determinidade permanece aí indiferente, o objeto roubado permanece o que é; mas não o sujeito, que é aqui ele próprio no particular a indiferença da relação. Ora, visto que não é abstração da sua relação ao objeto que se suprime, mas é ele próprio que nessa relação é lesado, algo nele se suprime – e o que nele se suprime não é a diminuição da sua posse, pois tal diminuição não lhe diz respeito como sujeito, mas é a aniquilação de si mesmo como indiferença por e neste ato singular; ora, como a indiferença das determinidades é a *pessoa*, e esta é aqui lesada, então, a diminuição da propriedade é uma lesão pessoal; e é necessariamente uma tal lesão aqui em toda esta potência da particularidade. Com efeito, tal lesão não é pessoal imediatamente, se apenas for lesada a abstração da relação do sujeito ao objeto; mas esta abstração como tal não se efetua nesta potência, não tem ainda a sua realidade e apoio em algo que também é universal, mas apenas na particularidade da pessoa; e eis porque toda a espoliação é pessoal; a relação é pessoal, e aliás só o é se ela for real ou empírica, se o possuidor vê precisamente o objeto da sua posse, ou o guarda, ou por outro lado o encerrou no seu domínio, que ele inclui no espaço que com a sua posse ocupa; a relação empírica enquanto particular é aqui a relação desta potência em geral, pois não se indica ainda nela nenhum modo pelo qual a própria relação empírica seria indiferenciada e se protegeria a propriedade sem essa mesma relação empírica, isto é, nenhum modo pelo qual a relação ideal, sem ser empírica, seria real, portanto, não seria lesada pessoalmente pela violação da relação ideal de posse enquanto propriedade.

O roubo é, pois, aqui igualmente pessoal e espoliação; e a subsunção de uma posse, que é propriedade, no desejo de um outro, ou a negação da indiferença e a afirmação da particularidade quantitativamente maior contra a particularidade quantitativamente menor, a afirmação da subsunção da particularidade mais diferente na particularidade menor, isso é a violência, não em geral, mas contra a propriedade, ou a pilhagem deve também ter a sua reação, ou a subsunção inversa. Assim como aqui se coagiu, isto é, a violência menor foi subsumida na violência maior, assim é preciso inversamente que a violência agora maior se ponha como a menor; e, segundo a razão absoluta, esta inversão é em si e por si tão necessária como aquela subsunção é efetivamente pilhagem. Mas a rapina só existe onde não há a relação da dominação e da servidão. Mas onde esta existe, onde um indivíduo é mais indiferente, portanto, é uma potência superior à outra, não há, segundo a natureza, rapina a não ser enquanto ela é pura e simplesmente devastadora e destruidora; não enquanto seria verdadeira rapina; e porque ela transita para o pessoal, a pessoa mede-se com a pessoa, e o vencido torna-se o servo do outro; e o tornar-se servo é precisamente a manifestação da relação que advém a cada um dos indivíduos nesta relação da subsunção; sem relação, não podem estar um ao lado do outro. A rapina é a subsunção singular que não visa a totalidade da personalidade e, por isso, aquele que faz desta violação pessoal o afazer de toda a sua personalidade deve manter o predomínio, tornar real a inversão, porque ele se põe como totalidade e o outro, porém, se põe apenas como particularidade; e a realidade desta relação é a subjugação, mas a manifestação do devir de tal relação é a *conquista*.

Na relação precedente, a inversão é absolutamente aniquiladora, porque a própria aniquilação é absoluta, portanto, a retroação é, como contra um animal predatório, a conquista absoluta ou a morte. Em tal relação, porém, a retroação não pode ser simplesmente, em virtude da personalidade da lesão, a retomada do que foi roubado, mas antes apenas momento de um pôr da dominação e da servidão de maneira que, no rapinante, o ser-subsumido se torne real apenas por um momento, e somente para esta determinidade, segundo a determinidade do ultraje pessoal que aí ocorre; porém, justamente porque o atacante não pôs aí toda a sua personalidade, então a relação também não pode acabar com a totalidade da personalidade na relação subjugadora, mas deve existir só por um momento; só no caso de guerra, no caso de personalidades que se conhecem mutuamente, ou da miséria quanto à vida inteira, como é também uma guerra dos homens – de resto, porém, guerra também da natureza – é que tem lugar a servidão; aliás, a retroação é formalmente a totalidade desta relação e acolhimento na família, mas, segundo a matéria, é também singular e particular; com efeito, quem roubou também é demasiado mau para servo, porque, ao ter permanecido no particular, não demonstrou confiança em toda a personalidade de si mesmo.

c)

A indiferença ou totalidade destas duas negações visa a indiferença das determinidades, ou a vida, e toda a personalidade; e a inversão, que se pôs duvidosamente e não é unilateral, de modo a que a relação fosse totalmente determinada e certa por um lado, é igualmente a perda da personalidade, mediante a servidão ou a morte. Porque a negação pode apenas ser uma determinidade, esta, que consiste em o todo estar fora de jogo, deve intensificar-se até ser um todo. Mas, em virtude de ser pessoal, ela é imediatamente o todo; com efeito, a determinidade pertence à pessoa, a qual é a indiferença do todo; e porque nega uma particularidade da pessoa, é apenas uma abstração, porque na pessoa a determinidade é absolutamente retomada na indiferença; o vivente é lesado. Mas porque a esta indiferença se contrapõe a abstração da particularidade lesada, então é também por isso que aquele é idealmente posto, e o que é lesado é a *honra*. Graças à honra, o singular torna-se um todo e algo de pessoal, e a negação aparente do singular apenas é a violação do todo, e assim se introduz o combate da pessoa total contra a pessoa total. Não se pode falar da justiça do motivo de semelhante combate; logo que o combate enquanto tal ocorre, a justiça está dos dois lados, pois o que está posto é a igualdade do perigo e, decerto, do perigo mais desenfreado, porque o todo está em jogo. O motivo, isto é, a determinidade que se põe como assumpta na indiferença e enquanto pessoal, nada absolutamente é em si e por si, justamente porque é apenas algo enquanto pessoal; e pode tomar-se como tal tudo o que se põe de um modo absolutamente variado; a este respeito não deve estabelecer-se exclusão e limite algum. A violência, ou antes a violência posta como individualizada: a força decide a subsunção, e aqui onde toda a personalidade real é o sujeito, deve introduzir-se imediatamente a relação de dominação e servidão, ou se se pressupõe a igualdade absoluta, a impossibilidade de uma tal relação, portanto, a impossibilidade de um ser o indiferente e o outro o diferente, então, há que conservar a indiferença no combate enquanto ele é a diferença absoluta e a negação recíproca, e o litígio pode apenas resolver-se pela morte, na qual a conquista é absoluta, e é precisamente em virtude do ser-absoluto da negação que se afirma sem mais o seu contrário.

Mas algo de diverso é a desigualdade na negação e a unilateralidade do combate, o qual não é então combate algum; semelhante desigualdade, em que a subsunção se põe pura e simplesmente só num lado, não vacilante, e o termo médio se põe como possibilidade e justamente por isso como indiferença dos dois, é *opressão*, e quando ela prossegue até à negação absoluta, é assassínio. A opressão e o assassínio não devem confundir-se com a relação de dominação e com o combate; a verdadeira opressão injusta é ataque pessoal e lesão de um modo pelo qual se suprime pura e simplesmente todo o combate, e é impossível ao outro precaver-se e assim pôr o combate. Mas, em si, esta impossibilidade não pode provar-se e demonstrar-se (os italianos aduzem como razão da legalidade do assassinato a imediatidade da declaração de guerra mediante a injúria); a impossibilidade deve considerar-se como realmente presente só quando nenhum ultraje teve lugar e o assassínio ocorre, mas sem relação alguma a algo de pessoal; portanto, acontece em vista da rapina. Mas, mesmo quando houve previamente um ultraje, portanto, está em jogo a personalidade e a totalidade, o ultraje é então de todo dissemelhante da negação total em relação à realidade; a honra está, sem dúvida, lesada, mas a honra pode distinguir-se da vida; e porque esta última se põe em jogo para à primeira restituir a sua realidade, que enquanto honra lesada é apenas ideal, a conexão da idealidade da honra com a sua realidade só ocorre em virtude de a determinidade lesada se ter elevado à realidade total, e a honra consiste em que, quando uma só determinidade é negada uma vez, também a totalidade das determinidades ou a vida aí se deve concentrar; portanto, a própria vida se deve pôr em jogo como aquilo por cujo intermédio apenas a negação da singularidade se transforma num todo – o que ela deve.

[À margem: 3 potências: a) assassínio, b) vingança, c) duelo; o termo médio é o combate, a indecisão. Duelo, ultraje pessoal no singular.]

Esta totalidade da negação deve apresentar-se nas suas três formas.

αα) A totalidade bruta, a indiferença absoluta da negação sem relação e idealidade é a transmutação da determinidade em personalidade, e o pôr imediato da realidade da negação, ou o *assassínio* simples; ele exclui o reconhecimento desta relação, o saber do outro a propósito da mesma, não deixa antecipar-se a igualdade do perigo, do mesmo modo que o ultraje é, segundo a matéria, completamente desigual.

ββ) A segunda potência deve ser a indiferença formal, segundo a qual a subsunção e a inversão têm lugar de acordo com a lei da igualdade, mas de um modo tal que esta igualdade, enquanto forma, enquanto consciência, paira sobre a oposição dos indivíduos, não é uma consciência nem um reconhecimento dos mesmos. Por conseguinte, falta a forma da igualdade, e a igualdade do perigo; com efeito, o perigo nada mais é do que a negação em devir, mas o saber acerca da mesma, a indiferença, não se encontra aqui nele, mas é apenas material; a relação é subsumida no conceito. Nesta igualdade, está a verdadeira inversão real da subsunção, e ela é a *vingança;* o que foi morto, deve ele próprio realizar a inversão; mas enquanto morto é apenas algo de ideal; da sua vida, que é o seu sangue, eleva-se apenas como vingador o seu espírito, e ou este assedia o assassino até que este, seja de que modo for, contraponha a si uma realidade e ele próprio forneça um corpo ao espírito da vítima, corpo esse que, por já não ser a mesma manifestação exterior da vítima, surge em geral como algo de mais universal, e o espírito enquanto destino proporciona a si a sua vingança; ou, então, a vitalidade própria, real, inerente ao espírito permaneceu; conservou o seu corpo, e o assassínio fez apenas perecer um membro ou órgão singular, pelo que o corpo ainda vivo, a família, assume para si a vingança. – A vingança é a relação absoluta contra o assassínio e contra o assassino singular; nada mais é do que a inversão daquilo que o assassino pôs; isto de nenhum outro modo se pode superar e tornar racional; não se pode dele abstrair; com efeito, pôs-se uma realidade efetiva que, como tal, deve ter o seu direito, a saber, que, segundo a razão, se erija o contrário do que foi erigido; a determinidade da relação permanece, mas no seio da mesma relação transformou-se agora no oposto, o que subsume torna-se subsumido; é apenas esta forma que se modifica.

γγ) A totalidade desta relação é o racional, e faz sobressair o termo médio; a indiferença da justiça, que existe na vingança, mas como algo de material, de exterior, introduz-se nos indivíduos como consciência igual da negação em devir e, assim, torna-se igual à própria realidade deste devir. Parece deste modo dominar uma injustiça, porque quem fez o ataque, a primeira subsunção desigual, unilateral – e no fenómeno as duas subsunções opostas devem exibir-se também como sucessivas –, deve estar na injustiça, mas só pela consciência ingressaria na igualdade do perigo. Quando se trata de vingança, só quem era o assassino é que deve também pura e simplesmente subsumir-se, por seu turno, de um modo seguro, e, portanto, os vingadores evitam a igualdade das forças e exercem a vingança ou por um poder superior à violência, ou mediante a astúcia, isto é, contornando a força em geral. Mas aqui, na totalidade da relação, trata-se de outra coisa; a saber, a totalidade exclui imediatamente a singularidade, de maneira que, para a vingança, o vingador não é um estranho, nem também apenas um singular, como tão-pouco o agressor, mas é membro de uma família, e não uma abstração. Mas, assim sendo, o assassínio não é uma negação absoluta; o espírito perdeu apenas um membro do corpo, e a vingança tão-pouco pode ser negação absoluta. Na totalidade da vingança, a forma deve pôr-se como consciência absoluta e assim o próprio lesado, e nenhum estranho, é que deve ser o vingador; tal vingador é apenas a família; de igual modo, o ofensor não é um singular, ele não injuriou enquanto singular, mas como membro de um todo; está posto na totalidade, não como abstração. Deste modo se põe imediatamente e ao mesmo tempo o termo médio; a saber, negativamente a supressão da hegemonia e da ausência de consciência de um, e a igualdade do perigo para os dois, o *combate;* para a relação, a diferença, na igualdade plenamente exterior, reside no interior (daí, o combate como juízo de Deus); um lado está apenas à defesa, o outro encontra-se ao mesmo tempo ao ataque; do lado ofendido, encontra-se o direito, ou este lado é o indiferente, o que subsume; e é tal absolutamente, porque a igualdade absoluta deve exibir-se mediante a inversão; antes era o que subsumia, agora é o subsumido. Mas, com a grandeza do corpo ainda vivo, minora-se a perda do membro perdido e, deste modo, também o direito; e o direito ou a indiferença, em virtude de a particularidade da ação do ofendido se tornar a indiferença do todo e afazer do todo, transforma-se em honra e é deste modo igual em ambos os lados; graças à honra, a consciência moral má e o impulso de se aniquilar são suprimidos, pois a honra é a tendência do subsumir; e o lado ofendido, que afasta totalmente de si a singularidade do ato, que enquanto tal não é o seu, encontra-se graças à honra plenamente no mesmo direito em que está o ofendido de, no ultraje pessoal singular, proteger a sua vida. Semelhante igualdade, perante a qual se desvanece o lado do direito e do subsumir necessário, é a *guerra;* nesta esvaneceu-se a diferença da relação do subsumir, e a igualdade é o que domina; os dois lados são indiferenças, a diferença é o exterior, o formal do combate, não o interior, mas algo que está numa inquietude absoluta, que passa constantemente de um lado para outro (Marte, um desertor) e que deixa o tornar-se-subsumido inteiramente duvidoso e decidir-se primeiro. Ele decide-se ou mediante a completa subsunção de uma parte, que em si é imortal enquanto totalidade, não pela extirpação, mas pela subjugação da mesma e pela servidão; aqui decide o superior, não a futilidade da primeira injúria, mas a força maior ou menor da totalidade, força que pelo combate se embrenha na igualdade e na comprovação da mesma, a qual antes era apenas ideal na ausência de relação do estar lado a lado – apenas algo de pensado; e semelhante força submete-se à decisão acerca de qual será verdadeiramente o mais indiferente ou o mais forte, decisão essa que, por conseguinte, pode desembocar na relação de dominação. Ou então não se chega a nenhuma decisão absoluta, que diria respeito à totalidade dos indivíduos totais, mas estes se encontram mais ou menos iguais; pelo menos, incapazes para aquele instante empírico, mesmo na manifesta superioridade de um deles, de levar a cabo a realidade da constituição da relação; a preponderância abstrata de um estaria, sem dúvida, presente, mas não a sua preponderância real para este momento do combate; visto que as suas forças são necessárias para outras necessidades naturais, que não concernem imediatamente à luta, mas ao subsistir interno da totalidade, são indispensáveis e não podem utilizar-se no combate; a cólera (θυμός) declina, pois é o sentimento da relação não real da indiferença do que subsume; retorna ao sentimento da igualdade, visto que a realidade do combate contradiz esta imaginação da cólera; e assim se faz uma *paz* na qual, quer se uma parte obtém a posição do que subsume e a outra a posição do vencido e abandona determinidades singulares, quer se ambas superam o combate com o sentimento da plena igualdade; elas se põem na diferença anterior, sem referência e desprovidas de relação e, portanto, com a cessação da relação, cessa também todo o interesse. A racionalidade desta totalidade é, pois, nos opostos, a igualdade da indiferença; o termo médio é o ser-um na sua mescla completa e na sua incerteza.

III

Eticidade

Nas potências precedentes, a totalidade da particularidade existe segundo os seus dois lados, o da particularidade como tal e o da universalidade enquanto unidade abstrata. O primeiro é a família, mas é uma totalidade tal que nela se encontram decerto unificadas todas as potências da natureza; mas a intuição está ao mesmo tempo em relação. O intuir-se real e objetivo do indivíduo no outro está implicado numa diferença; o intuir-se na mulher, no filho e no servo não é nenhuma igualdade perfeita absoluta; permanece interior, não trazida à luz, inexpressa; há aí uma insuperabilidade do compreender da natureza – mas, na universalidade, o que há de mais elevado é a liberdade quanto à relação, a aniquilação de um lado da mesma pelo outro, e o intuir-se é apenas racional enquanto conceito absoluto, enquanto visa esta negatividade.

Mas a natureza absoluta não está em nenhum dos lados na figura do espírito e eis porque também não está presente como vida ética; nem a família, nem muito menos ainda as potências subordinadas são éticas, e muitíssimo menos o é o negativo. A vida ética deve ser absoluta identidade da inteligência, com a plena aniquilação da particularidade e da identidade relativa, de que só é capaz a relação natural; ou a identidade absoluta da natureza deve assumir-se na unidade do conceito absoluto e estar presente na forma desta unidade, uma essência clara e ao mesmo tempo absolutamente rica, uma imperfeita objetivação e intuição de si do indivíduo no estranho, portanto, a supressão da determinidade e da configuração naturais, a plena indiferença da autofruição. Deste modo, só o conceito infinito é absolutamente uno com a essência do indivíduo, e esta mesma essência está presente na sua forma como inteligência verdadeira. Ela é verdadeiramente infinita, pois toda a sua determinidade é aniquilada; e a sua objetividade não é para uma artificial inconsciência para si, com a supressão da intuição empírica, e para a intuição intelectual; pelo que a intuição intelectual é uma intuição real por meio da vida ética e só nela os olhos do espírito e os olhos corpóreos coincidem completamente; segundo a natureza, o homem vê a carne da sua carne na mulher; segundo a eticidade, vê o espírito do seu espírito na essência ética e por meio da mesma.

A vida ética é, por conseguinte, determinada de um modo tal que o indivíduo vivo enquanto vida seja igual ao conceito absoluto, que a sua consciência empírica seja uma só coisa com a consciência absoluta e que a própria consciência absoluta seja consciência empírica, uma intuição que pode distinguir-se de si, mas de maneira tal que esta distinção é inteiramente algo de superficial e de ideal, e o ser-sujeito nada é na realidade e na distinção. Este ser-igual completo só é possível por meio da inteligência ou do conceito absoluto, segundo o qual o ser vivente se põe como contrário de si mesmo, como objeto, e este próprio objeto se põe como vitalidade absoluta e absoluta identidade de um e de muitos, não como qualquer outra intuição empírica estabelecida sob uma relação, ao serviço da necessidade e como limitada, tendo fora de si a infinidade.

Por conseguinte, na eticidade, o indivíduo é de um modo eterno; o seu ser e o seu agir empíricos são algo de pura e simplesmente universal; com efeito, não é o individual que age, mas o espírito universal e absoluto nele. A visão que a filosofia tem do mundo e da necessidade, segundo a qual todas as coisas estão em Deus e nenhuma singularidade existe, está plenamente realizada para a consciência empírica, porque toda a singularidade do agir ou do pensar ou do ser tem a sua essência e significação apenas no todo e, tanto quanto o fundamento da singularidade é pensado, apenas o todo se pensa, e o indivíduo não sabe e não imagina para si nenhum outro fundamento; pois a consciência empírica não ética consiste em que entre o ser-uno do universal e do particular, de que aquele é o fundamento, introduz como fundamento qualquer outra singularidade; aqui, pelo contrário, a identidade absoluta, que antes era da natureza e algo de interior, emergiu para a consciência.

Mas a intuição desta ideia da eticidade, a forma em que ela aparece do lado da sua particularidade, é o *povo*. Há que conhecer a identidade desta intuição e da Ideia. É no povo que está posta de um modo absolutamente formal a relação de uma multidão de indivíduos, não uma multidão sem relação, nem uma simples pluralidade; não é uma multidão sem relação, uma multidão em geral não estabelece a relação que existe na eticidade, a subsunção de todos num universal que teria realidade para a sua consciência, que seria uma só coisa com eles e teria sobre eles poder e coação, tanto quanto eles quisessem ser singulares, que seja amistosa ou hostilmente idêntica com eles; mas a multidão é singularidade absoluta, e o conceito da multidão, por eles serem uma só coisa, é a sua abstração, a eles estranha, fora deles; também não é uma simples pluralidade, pois a universalidade em que eles são uma só coisa é a indiferença absoluta; numa pluralidade, porém, não está posta a indiferença absoluta, mas a pluralidade não é a absoluta multiplicidade, como exibição de todas as diferenças, mediante cuja totalidade apenas se pode realmente exibir e ser uma indiferença universal.

Visto que o povo é a indiferença viva e toda a diferença natural está aniquilada, o indivíduo intui-se em cada qual como a si mesmo e chega à mais elevada objetividade de sujeito; e justamente deste modo a identidade de todos não é uma identidade abstrata, não é uma igualdade da cidadania, mas uma igualdade absoluta e uma igualdade intuída, que se exibe na consciência empírica, na consciência da particularidade; o universal, o espírito, é em cada um e para cada um, mesmo enquanto é singular. Ao mesmo tempo, este intuir e ser-um são imediatos, o intuir não é um outro além do pensamento, não é simbólico; não se introduz entre a Ideia e a realidade uma particularidade que primeiro deveria ser aniquilada pelo pensamento, e já não seria em si e por si igual ao universal; mas o particular, o indivíduo é, enquanto consciência particular, pura e simplesmente igual ao universal; e esta universalidade, que sem mais unificou consigo a particularidade, é a divindade do povo, e este universal intuído na forma ideal da particularidade é o Deus do povo; este Deus é um modo ideal de intuir o povo.

A consciência é o infinito, o conceito absoluto, na forma da unidade; mas na consciência empírica o conceito põe-se apenas como relação; os opostos do conceito *são*, e são pois opostos; a sua unidade é como tal uma unidade oculta, aparece em ambos como quantidade, isto é, sob a forma da possibilidade de serem divididos (numa só consciência), e a realidade efetiva do ser-dividido é precisamente a oposição; mas, na vida ética, esta separação é para a própria consciência empírica uma determinidade ideal; ela conhece no oposto, no objeto, absolutamente o mesmo que o objeto é; intui esta própria mesmidade.

A intuição é absoluta, porque é pura e simplesmente objetiva, porque nela se extirpou todo o ser-singular e toda a sensação, e é intuição porque está na consciência; o seu conteúdo é absoluto, porque é o eterno e está isento de todo o subjetivo; os opostos, o empírico e o fenómeno situam-se também dentro da própria intuição absoluta, de maneira que se apresentam apenas como jogos. Suprime-se toda a relação com a necessidade e a aniquilação, e o prático, que começava com a aniquilação do objeto, transitou para o seu contrário, para a aniquilação do subjetivo, de maneira que o objetivo é a absoluta identidade dos dois.

Esta totalidade deve considerar-se segundo os momentos da sua Ideia e, decerto, assim: em primeiro lugar, o repouso da mesma totalidade, ou a constituição do Estado; em seguida, o seu movimento ou o governo; além, a Ideia como intuição; aqui, segundo a relação, mas de um modo tal que doravante a essência, a própria totalidade, é absoluta identidade da intuição e do conceito; e a forma desta identidade, sob a qual aparece a totalidade, é algo de inteiramente superficial; os extremos da relação são pura e simplesmente a própria totalidade, e não abstrações que apenas existiriam em virtude da relação.

Primeira Secção

A Constituição do Estado

O povo como totalidade orgânica é a indiferença absoluta de todas as determinidades do prático e do ético. Os seus momentos enquanto tais são a forma da identidade, da indiferença, em seguida, a forma da diferença e, por fim, a forma da indiferença viva absoluta; e nenhum desses momentos é uma abstração, mas uma realidade.

I. *A vida ética como sistema em repouso*

O conceito da eticidade pôs-se na objetividade desta última, na supressão da singularidade. O ser-aniquilado do subjetivo no objetivo, o ser-assumido absoluto do particular no universal é:
a) Intuição: o universal não é algo de formal, um oposto à consciência e à subjetividade, ou à vitalidade individual, mas é na intuição absolutamente uma só coisa com ela. Em cada figura e exteriorização da eticidade, suprime-se a antítese de uma posição e de uma negação mediante a integração das mesmas; mas a negação do particular e do universal apareceria verdadeiramente como uma servidão do particular, como algo de subjugado à lei ética, em seguida, como a possibilidade de uma outra lei ética. No ético, não haveria necessidade alguma;

a dor não se suportaria, pois não seria intuída na sua objetividade e não se separaria; e a ação ética tornar-se-ia uma contingência do discernimento, pois, com a separação, põe-se a possibilidade de uma outra consciência.

b) Esta eticidade enquanto espírito vivo, que aparece como um Briareu com miríades de olhos, braços e outros membros, dos quais cada um é um indivíduo absoluto, é um absolutamente universal e, em relação ao indivíduo, cada parte desta universalidade, cada membro que lhe pertence, surge como um objeto, como um fim. Cada membro é um ideal para o indivíduo enquanto tal ou como entra na sua consciência; mas «entra na sua consciência» nada mais significa do que «é posto como indivíduo». Mas é também outra coisa, porquanto o indivíduo subsume em si a eticidade absoluta e esta aparece nele como sua individualidade. Aqui, como em geral, não se quer dizer que a vontade, o arbítrio, as determinidades, seriam postas pelo indivíduo, subsumiriam a vida ética de modo que a controlariam e a poriam negativamente como inimigo e destino, mas o subsumir é apenas a forma externa da subjetividade, forma sob a qual a eticidade aparece sem que a sua essência por tal seja afetada. Esta sua manifestação é a *vida ética do singular* ou as *virtudes*. Porque o individual é o singular, a possibilidade, o negativo, a determinidade, portanto, também as virtudes na sua determinidade são negativo, possibilidades do universal. Aqui se põe, pois, a diferença da moral quanto ao direito natural, não como se fossem separados, aquela excluída deste, mas o seu conteúdo encontra-se plenamente no direito natural; as virtudes manifestam-se no absolutamente ético, porém, apenas na sua transitoriedade.

Ora, a vida ética é:

α) Enquanto *vida ética absoluta:* não a suma, mas a indiferença de todas as virtudes. Não se manifesta como amor à pátria, ao povo e às leis, mas como a vida absoluta na pátria e para o povo. É a verdade absoluta, pois a inverdade reside apenas na fixação de uma determinidade; no eterno do povo, porém, toda a individualidade é suprimida. A vida ética é a formação *(Bildung)* absoluta, porque no eterno se encontra a aniquilação empírica real de todas as determinidades e a mudança de todas.

E o desinteresse absoluto, porque no eterno nada há de privado. É – e também cada um dos seus movimentos – a suprema liberdade e beleza, visto que o ser-real e a configuração do eterno são a sua beleza. A vida ética é sem sofrimento e bem-aventurada; com efeito, suprimiu-se nela toda a diferença e toda a dor. É o divino, absoluto real existente, o que é, sem véu algum, sem que seja preciso primeiro elevá-lo à idealidade da divindade e extraí-lo antes do fenómeno e da intuição empírica; ela é imediatamente intuição absoluta.

O movimento desta eticidade absoluta, porém, tal como se encontra no conceito absoluto, percorre todas as virtudes, mas não se fixa em nenhuma. No movimento, o ético entra na diferença e suprime-a; o fenómeno é a transição do subjetivo para o objetivo e a supressão desta oposição.

Esta atividade do produzir não visa um produto, mas despedaça-o imediatamente e faz emergir a vacuidade das determinidades. Aquela diferença na sua manifestação é a determinidade, e esta põe-se como algo que se deve negar. Mas o que deve negar-se deve também ser uma totalidade viva. O ético deve na sua própria diferença intuir a sua vitalidade e, aqui, de um modo tal que a essência deste vivente que se lhe contrapõe seja posta como algo de estranho e que deve negar-se – não como na educação em que a negação, a subjetividade, é apenas a superfície da criança. Uma tal diferença é o *inimigo*, e a diferença, posta na relação, é ao mesmo tempo como o seu contrário, como o contrário do ser dos opostos, como o nada do inimigo, e este nada uniforme dos dois lados é o perigo do combate. Semelhante inimigo pode ser para o ético somente um inimigo do povo e ele próprio apenas um povo. Porque aqui surge a individualidade, é *pelo* povo que o singular se expõe ao perigo da morte.

Além deste lado negativo, porém, aparece também o lado positivo da diferença e surge igualmente como vida ética, mas como vida ética no singular, ou como as virtudes. A bravura é a indiferença das virtudes, enquanto negatividade, ou a virtude na determinidade, mas na absolutidade do ser-determinado. Ela é, portanto, a virtude em si, mas a virtude formal; pois cada outra virtude é apenas *uma* virtude. Ora, visto que na diferença a determinidade está como multiplicidade, assim nela se manifesta também toda a coroa das virtudes. Na guerra, enquanto exibição do negativo e do múltiplo e da sua aniquilação, surge também a multiplicidade das relações determinadas e nelas as virtudes. Aquelas aparecem como o que são, postas pela necessidade empírica, e de modo igualmente súbito também de novo se desvanecem, e com elas o ser-aí das virtudes, as quais, porque têm pressa em perseguir-se umas às outras, também são desprovidas de toda a relação a uma totalidade determinada (à situação global de um cidadão) e, portanto, são também vícios.

A necessidade da guerra estabelece a mais severa abstinência e também a mais extrema miséria e manifestação da avareza e, em seguida, da fruição, que é igualmente o deboche, porque ela não pode ter nenhuma consideração para o dia de amanhã ou para a vida no seu conjunto e para a sua subsistência material. A parcimónia e a liberalidade tornam-se avareza e transformam-se na maior dureza de coração para consigo e para com os outros, se a suprema indigência exigir tal restrição – e convertem-se ainda em desperdício; com efeito, a propriedade atira-se fora, porque não pode ter permanência alguma e a despesa é de todo inadequada ao uso e às necessidades, próprios ou alheios. Igualmente se encontram presentes no mais elevado grau a realidade não plenamente assumida na indiferença, o não tornar-se virtude da determinidade, mas o ser na negatividade da mesma, ou o aniquilar.

Tal como é o ético das virtudes, assim é o trabalho. A indigência da guerra exige os mais intensos esforços do corpo e uma plena e formal unidade do conceito do espírito no trabalho mecânico, e requer igualmente a suprema servidão de uma obediência totalmente exterior. Assim como as virtudes são sem a hipocrisia externa e interna – em virtude da primeira, a sua manifestação e exterioridade seriam postas mediante o arbítrio do sujeito, o qual no interior, porém, teria no propósito algo de inteiramente diferente – o que no entanto aqui não pode acontecer, porque o ético é a essência, o interior; as virtudes tão-pouco são sem a hipocrisia interna, que é consciente da sua eticidade, e graças a esta consciência adere à sua subjetividade e é moralidade(³); de igual modo o trabalho é sem fim, sem necessidade e sem relação com a sensibilidade prática, sem subjetividade, e também não tem relação com a posse e a aquisição, mas o seu fim e o seu produto cessam com ele próprio.

Esta guerra não é guerra de famílias contra famílias, mas de povos contra povos e, por conseguinte, o próprio ódio é indiferenciado, isento de toda a personalidade. A morte ingressa no universal, da mesma maneira que sai do universal, e é sem cólera, a qual, por vezes, se produz, mas igualmente se suprime também. A arma de fogo é a invenção da morte universal, indiferente, impessoal, e a honra nacional é que a propulsa, não a lesão de um singular; mas a lesão que constitui a ocasião da guerra incide toda em cada indivíduo na indiferença da honra.

β) *Eticidade relativa,* que se refere a relações e que não se organiza e move neles livremente, mas deixa subsistir a determinidade que neles existe, e a induz à igualdade com a determinidade oposta, a saber, a uma igualdade superficial, parcial, que somente existe no conceito. Esta forma da vida ética cria, pois, o direito e é *probidade*. Onde esta age e se torna real, atém-se ao direito de que a cada qual incumba o que é seu e, decerto, não segundo leis escritas; ela considera a totalidade do caso e fala segundo a equidade, se o direito não está decidido, normalmente, ela deve ater-se a este. Mas na equidade, de acordo com necessidades prementes, ela atenua a objetividade do direito, a favor das circunstâncias empíricas da necessidade, de uma ignorância dita perdoável, segundo uma confiança subjetiva. A sua totalidade é a existência empírica do singular, cuja conservação em si e nos outros ela toma a peito.

A probidade vela pela família segundo o estado que esta tem, e também pelos concidadãos, remedeia a indigência singular, indigna-se perante a ação má. O universal, o absoluto da eticidade e o modo como este deveria ser na sua realidade e como a realidade se deveria sujeitar, é para a probidade um *pensamento*. O seu ímpeto supremo é ter a este respeito muitos e

---

(³) À margem: Além, a aparência exterior, aqui, a aparência interior, a consciência de ter feito o seu dever, de que este brilha para o próprio indivíduo.

vários pensamentos, mas a sua razão consiste ao mesmo tempo em que ela discerne como a situação empírica se modificaria, e semelhante situação tem-na demasiado a peito para que aí ela deixe acontecer qualquer coisa. A sua razão consiste, pois, em discernir que a eticidade absoluta deve permanecer um pensamento.

Na relação com o negativo e com o devotamento, ela sacrifica o seu ganho ao povo tanto pelos fins universais, segundo um conceito, nos impostos, segundo a igualdade da justiça, como no particular, pelos pobres e pelos que sofrem. Mas não pode ceder nem a posse inteira nem a vida, pois a individualidade está nela fixada, portanto, a pessoa e a vida são não só um infinito, mas um absoluto. Não pode, pois, ser intrépida, como tão pouco pode percorrer toda a série das virtudes ou organizar-se apenas para o momento como virtude; com efeito, a própria virtude é para o momento sem fim e sem relação com uma outra totalidade diferente da que em si mesma possui. A totalidade empírica da existência põe os seus limites determinados ao desinteresse e ao sacrifício e deve manter-se sob a dominação do entendimento.

γ) A *confiança* está na identidade da primeira potência e na diferença da segunda; de tal modo que aquela identidade da eticidade absoluta é uma identidade envolvida, e não simultaneamente uma intuição assumida e elaborada no conceito e, por conseguinte, tal identidade reside fora da intuição na forma da sua intelectualidade. Para a solidez, a genuinidade da intuição, que dispensa o conhecimento e a forma, portanto, também o entendimento para a ação, esta mesma intuição é enquanto instruída justamente um poder, perante o qual elas são diferentes, mas, ao mesmo tempo, desconfiadas, porque a singularidade em que ela lhes advém pode parecer fazer-lhe perder o todo, e a identidade da intuição absoluta e da forma como termo médio singular, pode não ser-lhe óbvia. Não é pelo entendimento – pois, por este temem, como é justo, ser enganadas – que se vão pôr em movimento, mas pela totalidade da confiança e da necessidade, por um impulso exterior que visa igualmente o todo.

Assim como é elementar a intuição ética da confiança, assim também é o seu trabalho. Este não deriva do entendimento, nem reside na singularização da probidade, mas é inteiro e sólido; não visa a aniquilação e a morte do objeto, mas deixa fazer e produzir o útil através da natureza.

É também na ignorância do direito que se lhe conserva a sua propriedade e é mediatizada segundo a paixão e a discussão do conflito. Esta confiança, porque se abandona a algo de eterno, é pois também capaz de intrepidez.

Na totalidade absoluta real da vida ética, estas três formas da mesma devem igualmente ser reais. Cada uma deve organizar--se por si mesma, ser um indivíduo e tomar configuração; com efeito, a sua mescla é a ausência de forma do que é naturalmente ético e desprovido de sabedoria natural. É evidente que por cada qual se organizar é que ela é justamente totalidade e traz em si as outras potências da forma, mas à sua medida e inorganizadas, tal como já foram apresentadas segundo o seu respetivo conceito.

A individualização, a vida viva não é possível sem a singularização. Cada princípio e cada potência deve pura e simplesmente aceder ao seu conceito, pois a potência é real e deve tender para a sua autofruição e ser para si. No seu conceito ou na sua indiferença própria, assumiu em si perfeitamente a identidade relativa com as outras e também se configurou, e para semelhante configuração deve impelir tudo o que é potência; com efeito, a infinidade é pura e simplesmente uma só coisa com a realidade, mas na infinidade está a diferença das potências.

Que a natureza física exprime à sua maneira as potências numa configuração pura e põe de um modo vivo cada uma para si parece apenas mais fácil de admitir porque, segundo o princípio da pluralidade da natureza, cada singular poderia ser algo de incompleto; mas, no ético, cada um deve ser algo de absolutamente completo e cada qual tem pura e simplesmente por si a pretensão à totalidade real absoluta, porque a singularidade de cada um é a singularidade absoluta ou o conceito puro, portanto, a negação de todas as determinidades. Mas justamente este conceito absoluto e esta negação são a abstração suprema, e imediatamente o negativo. O positivo é a unidade desta forma com a essência; e isto é o alargamento da vida ética num sistema de potências (e da natureza), e a potência ética, que se organiza, pode unicamente organizar-se em indivíduos como sua matéria, e não é o indivíduo que como tal é o absoluto verdadeiro, mas apenas o absoluto formal: o verídico é o sistema da eticidade.

Eis porque tal sistema também não se pode pensar como se existisse enquanto sistema puro no indivíduo como tal, a saber, como já formado, repartindo-se plenamente nas suas potências; com efeito, a sua essência é a etericidade, o elementar, o puro, que a si submeteu as unidades e as libertou da sua rigidez para a absoluta plasticidade. A singularidade do indivíduo não é o primordial, mas a vitalidade da natureza ética, a divindade, e para a essência desta o indivíduo singular é demasiado pobre, para conceber a sua natureza em toda a sua realidade. Momentaneamente pode ele, enquanto indiferença formal, exibir todos os momentos; mas, enquanto indiferença formal, é o negativo, o tempo, e aniquila-os de novo – o ético, porém, deve apreender-se como natureza, como subsistência de todas as potências e cada uma deve apreender-se na sua configuração viva, ser uma só coisa com a necessidade e existir como identidade relativa, mas esta necessidade não tem realidade alguma a não ser enquanto cada potência tem realidade, isto é, totalidade.

As potências do mundo ético, que se exibem nesta realidade no seio da totalidade já completa, são os *estados (Stände)*, e o princípio de cada um é a forma determinada da eticidade, que antes se expôs. Há, pois, um estado da eticidade livre absoluta, um estado da probidade e um estado da eticidade não livre ou natural.

Segundo o conceito verdadeiro de um estado, este não é uma universalidade que reside fora dele, e algo de pensado, mas a universalidade é nele real. Conhece-se na sua igualdade e constitui-se como universal contra universal, e a relação dos diferentes estados não é uma relação de singular a singular; mas cada singular, em virtude de pertencer a um estado, é um universal e, deste modo, um indivíduo verdadeiro e uma pessoa.

Assim, por exemplo, o estado de escravo não é estado algum; com efeito, é apenas um universal formal. O escravo reporta-se ao senhor como singular.

a) O *estado absoluto* tem por princípio seu a eticidade pura absoluta e, na apresentação acima feita do mesmo, foi ele próprio exibido; com efeito, o seu ser-real e a sua ideia são pura e simplesmente uma só coisa, porque a ideia é a ideia absoluta. No ser-real da eticidade absoluta, deve apenas considerar-se o modo como este estado se comporta no que respeita à existência da diferença e como o ser-prático nele se pode diferenciar. Na própria Ideia, como acima se expôs, o ser-prático é pura e simplesmente apenas negativo e, na sua realidade, expulsa de si as relações e as virtudes que a ela se referem e abandona-as à contingência empírica. Mas a precisão e o uso das coisas é, para a realidade do mundo ético ou para o estado, uma necessidade absoluta, que o acossa, mas não o pode acossar na sua forma acima exposta, no seu estar-separado; com efeito, o seu trabalho só pode ser um trabalho universal, mas o trabalho em prol da precisão seria um trabalho singular. A satisfação da própria necessidade é também, decerto, pura e simplesmente uma particularidade; mas aqui também nada mais deve propor-se do que a satisfação da necessidade ou a pura particularidade prática; pois, ela *é* como tal pura aniquilação do objeto, negação absoluta, mas não mescla alguma da negação ideal com o objeto nem a extensão das consequências de semelhante mescla, não é uma posição parcial da inteligência no objeto, nada de prático, nenhuma formação de algo inanimado, cujo resultado seria, no entanto, a aniquilação; o trabalho porém, não pode ser nenhum outro a não ser o da guerra ou uma formação *(Bilden)* em vista deste trabalho; com efeito, a atividade imediata no povo não é um trabalho, mas uma atividade em si orgânica e absoluta.

Ora, se tal atividade não pode ter nenhuma relação à precisão e se esta, no entanto, não pode satisfazer-se sem trabalho, então é necessário que o trabalho tenha lugar graças aos outros estados, e que o que foi preparado e aprontado para a precisão lhe seja entregue e apenas lhe reste a imediata aniquilação na fruição. Mas a relação deste estado aos outros dois consiste em assumir na indiferença uma relação da própria realidade existente, segundo a forma possível. Esta é aqui a igualdade; e visto que, quanto ao seu conteúdo, tal relação é uma utilidade dos outros estados para o primeiro, de modo que forneçam a este algo que lhe é necessário e ele faça seus um bem e um ganho estranhos, assim também ele, segundo a igualdade, deve por seu turno ser útil aos outros. Mas ele é isso de um modo eminente e, em seguida, à sua maneira.

Quanto ao seu conteúdo, a relação da utilidade é em parte a relação da distinção entre os dois, relação segundo a qual ele é o poder absoluto para os dois; em parte, a da igualdade, relação segundo a qual ele está no negativo, portanto, é para eles à sua maneira imanente.

Aquela primeira utilidade é que ele constitui a configuração ética real absoluta e, por conseguinte, é para eles a imagem do absoluto que se move e existe, a intuição real mais elevada, que a natureza ética exige. Estes estados permanecem, segundo a sua natureza, nesta intuição. Não estão no conceito infinito, pelo qual isto seria apenas algo de posto para a sua consciência como um exterior, seria pura e simplesmente o seu espírito absoluto, próprio, que os move, o qual superaria todas as suas diferenças e determinidades. Que a sua natureza ética chegue a esta intuição, é o benefício que lhes concede o primeiro estado. Enquanto o que se exibe na figura de algo de objetivo é a sua essência interna absoluta, permanece para eles algo de oculto e não se unifica com a sua individualidade e a sua consciência.

A outra vantagem está, quanto ao seu modo, no negativo e, por parte do primeiro estado, põe-se igualmente o trabalho, mas o trabalho absolutamente indiferente, o do governo e da intrepidez. Em relação aos outros estados, ou neles, semelhante trabalho é a segurança da sua propriedade e da sua posse, e a segurança absoluta é que ela própria, pelo menos o segundo estado, é dispensada da bravura.

b) O *estado da probidade* reside no trabalho da necessidade, na posse e no ganho e na propriedade. Uma vez que a unidade, que existe nestas relações, é algo de pura e simplesmente ideal, de pensado, em vista da firmeza da diferença, só adquire uma realidade no povo. É o poder em geral abstrato, sem conteúdo, sem sabedoria; o seu conteúdo, em virtude da contingência das coisas reais e do arbítrio que nelas existe, continua a pôr-se no ganho e nos contratos. O universal, o jurídico destas relações torna-se real, violência física contra a particularidade que se quer opor negativamente. Este estar-imerso na posse e na particularidade cessa aqui de ser servidão perante a indiferença absoluta; é indiferenciado, o mais que pode, ou a indiferença formal, o ser-pessoa reflete-se no povo, e o possidente, graças à sua diferença, não se arruína com a essência total, portanto, não cai na dependência pessoal; mas a sua indiferença negativa põe-se como algo de real, e ele é reconhecido, pois, como cidadão, *bourgeois*, e como universal. No primeiro estado, toda a particularidade da individualidade é aniquilada, e por isso ele comporta-se também como universal perante o segundo estado, o qual é por isso mesmo assim determinado, mas, em virtude da firmeza da sua posse, é apenas um universal formal, um singular absoluto.

Como o trabalho se torna também universal, então, uma vez que, segundo a sua matéria, não visa a totalidade da necessidade, mas apenas segundo o conceito, estabelece-se uma dependência universal por causa da satisfação da necessidade física. O valor e o preço do trabalho e do produto determinam-se segundo o sistema universal de todas as necessidades e o arbítrio existente no valor, que se fundava na indigência particular dos outros, da mesma maneira que a incerteza de se o excedente seria necessário aos outros de todo se suprime. – A universalidade do trabalho ou a indiferença de todos, enquanto seu termo médio pelo qual eles se comparam e no qual cada singular se pode imediatamente transformar, é, posto como algo de real, o *dinheiro;* assim também a troca universal eficaz, a ação que mediatiza a necessidade particular e o excedente particular, é o *estado comerciante,* o ponto supremo da universalidade na troca do ganho. O que ele leva a cabo é tomar o excedente que existe no particular e transformá-lo assim em algo de universal de maneira que o que ele troca é igualmente dinheiro ou o universal.

Pois, onde a troca ou em geral a transferência da propriedade para um outro se torna ideal, em parte graças à posse universalmente conhecida de um, notoriedade universal essa que impede a transferência, porque nela se baseia em parte a propriedade e a sua certeza – em parte, por meio da dissociação empírica da simultaneidade da troca – semelhante idealidade, em virtude de a ela se ligar todo o poder do Estado, é realmente posta, como se acontecesse efetivamente o que deve acontecer, e a manifestação empírica da troca torna-se indiferente. Assim como também a manifestação empírica da posse ou da não posse se torna indiferente, e depende da relação interna absoluta, mais próxima ou mais longínqua, do indivíduo à coisa que esta seja propriedade sua ou não. Em conjunto constituem ambos a *justiça* acerca da propriedade das coisas.

A lesão pessoal, que na potência natural se tornava infinita, um afazer da honra e de toda a pessoa, torna-se no sistema real esta abstração determinada da lesão: com efeito, em virtude de a indiferença do indivíduo ser aqui a indiferença absoluta, o povo, mas este não pode ser lesado, nada mais resta do que precisamente a determinidade e a particularidade da lesão. Num cidadão em geral, o universal é, pois, tão pouco lesado e tão escassamente se deve vingar ou está em perigo que resta unicamente libertar a particularidade, graças à sua supressão, a saber, o ofensor põe-se justamente sob a mesma particularidade. A vingança transmuta-se deste modo em castigo, pois a vingança é indeterminada e pertence à honra e à totalidade. Aqui, é empreendida pelo povo, pois para o lugar do ofendido particular entra a universalidade abstrata, mas real, não a sua universalidade viva, a do indivíduo.

Mas, para a probidade, a totalidade viva é a família, ou a totalidade natural, e uma situação de propriedade e de subsistência que, tanto quanto possível, é igualmente assegurada para a totalidade empírica da vida global e da educação das crianças.

Essa situação não é capaz nem de virtude nem de intrepidez, pois aquela é uma individualidade livre. A probidade é sem individualidade na universalidade do seu estado, e sem liberdade na particularidade das suas relações.

O mais alto a que consegue chegar este estado mediante a sua atividade na sua produção é, em parte, a contribuição para as necessidades do primeiro estado, em parte, a ajuda aos indigentes. Ambas as coisas são uma negação parcial do seu princípio; a primeira é para o universal segundo o conceito, a segunda reside no particular segundo uma indigência empírica.

Este sacrifício universal é sem vitalidade, do mesmo modo que aquele sacrifício mais vivo é sem universalidade.

A relação interna da família é também determinada segundo o conceito. O que, em virtude da indigência, se conecta com a cabeça, conecta-se, em toda a personalidade da ligação como doméstico, apenas enquanto pessoa absoluta pelo contrato, e por tempo determinado; com efeito, porque cada um é pessoa absoluta, deve poder chegar a uma totalidade viva, tornar-se um pai de família. É esta justamente a relação, quando a ligação é menos pessoal e existe somente para serviços e trabalhos determinados.

c) O *estado da eticidade bruta é* o *estado campesino*. A configuração das potências para este mesmo estado é que ele se encontra, decerto, em relação com a necessidade física no sistema da dependência universal, mas é mais patriarcal, e o seu trabalho e o seu ganho constituem uma totalidade maior e mais englobante.

O caráter do próprio trabalho também não é de todo inteligente, nem diz imediatamente respeito à preparação da coisa para a necessidade, mas é mais mediato e concerne à terra ou ao animal, a algo de vivo, de cuja potência o trabalho se apropria e assim determina o vivente, que, porém, se produz para si mesmo.

A sua eticidade é a confiança perante o estado absoluto, segundo a totalidade do primeiro estado, totalidade que deve ter cada relação e cada ação; com efeito, a sua eticidade bruta só pode estar aberta à singularização do agir na confiança ou por coação. Por mor da sua totalidade, é também capaz de bravura e pode neste trabalho e no perigo de morte agregar-se ao primeiro estado.

II. *Governo*

Na potência precedente, o sistema da eticidade expôs-se no seu repouso; o orgânico por si, bem como o inorgânico assumindo-se em si mesmo e formando na sua realidade um sistema. Mas esta potência considera como o orgânico é diferente perante o inorgânico, conhece a diferença do universal e do particular e como além de tal diferença se encontra o absolutamente universal e a suprime e produz eternamente; ou seja, o absoluto subsume no conceito absoluto o *movimento absoluto* ou o processo da vida ética. Este movimento, que se estende ao desdobramento de todas as potências e que põe e suscita efetivamente primeiro tal desdobramento, deve exibir-se nestas potências; e visto que a essência desta potência é a diferença do universal e do particular, mas ao mesmo tempo a supressão da mesma, e uma vez que este movimento orgânico deve ter realidade, mas a realidade do universal consiste em existir como uma multidão de indivíduos, é preciso então conhecer esta oposição, como o universal é real ou está nas mãos de indivíduos de modo que estes se encontram na verdade no universal e indiferenciados e assumem na separação um movimento tal que por ele a particularização é subsumida no universal e se lhe torna pura e simplesmente igual.

Segundo o poder, o universal é na sua realidade superior ao particular – com efeito, seja em que potência for, o governante é formal, o absolutamente universal; o poder do todo está aí suspenso. Mas o governo deve ao mesmo tempo ser o universal positivamente absoluto, pelo que é a potência absoluta; e a questão reside sob todos os aspetos na diferença de que o governo seja verdadeiramente potência contra o particular, de que os indivíduos estejam necessariamente no universal e no ético.

Esta determinação formal do conceito de uma *constituição*, a realidade do universal, porquanto este está em oposição a um particular, e, por conseguinte, surge como potência e como causa, deve ao mesmo tempo reconhecer-se como totalidade na dissociação das potências, e este sistema – determinado de acordo com a necessidade, na qual elas se separam, e segundo a qual, na separação, a potência do governo é simultaneamente configurada para cada uma destas determinidades – semelhante sistema é a verdadeira constituição. Uma totalidade verdadeiramente ética deve ingressar nesta separação, e o conceito de governo exibir-se como a sabedoria da constituição de modo que a forma e a consciência sejam tão reais como o absoluto reside na forma da identidade e da natureza; a totalidade existe apenas como a unidade da essência e da forma, das quais nenhuma pode faltar. Em relação à constituição, na qual nada é distinto mas onde o todo enquanto tal, pelo contrário, se move imediatamente contra cada singularidade da determinação, a rudeza é a ausência de forma e a supressão da liberdade; com efeito, esta reside na forma, e consiste em a parte singular ser um sistema subordinado do organismo inteiro com ação espontânea para si mesmo na sua determinidade.

Este governo reparte-se, por isso, imediatamente no governo absoluto e no das potências singulares.

A. *O governo absoluto*

Ele parece ser imediatamente o primeiro estado, porque este é para os restantes a potência absoluta, a realidade da absoluta eticidade e o espírito real intuído dos outros, que estão ainda no particular. Somente ele próprio é estado contra estado e deve haver algo de mais elevado do que ele mesmo e do que a sua diferença perante o outro estado.

Como realidade universal absoluta, ele é sem dúvida o governo absoluto; mas a natureza orgânica visa a aniquilação e a assunção em si da natureza inorgânica, e esta mantém-se por si mesma, mediante o espírito interno, que põe a natureza orgânica e o seu reflexo como natureza inorgânica. Esta última mantém-se no conceito como algo de absolutamente universal, e a sua aniquilação e potenciação pela natureza orgânica visa necessariamente o que dela é particular. Ela é em si o particular, mas assumido no conceito e na infinidade, e chama-se a tal a sua existência.

De igual modo o estado absoluto é a natureza ética orgânica perante a natureza inorgânica do estado relativo e absorve-a na particularidade de maneira que este deve proporcionar àquele as necessidades da vida, o trabalho, e de maneira que o estado absoluto se individualiza e, em virtude de ser estado, tem na sua consciência a diferença do segundo estado e a rudeza do terceiro, põe-se como deles separado e preserva o sentimento da sua alta individualidade ou o orgulho que, como consciência da nobreza no íntimo, declina a consciência do vil e – o que é justamente a mesma coisa – a ação do vil.

Esta individualização espiritual, como também a individualização física, põem uma relação da natureza orgânica à inorgânica, e a limitação não consciente deste movimento e da aniquilação da natureza inorgânica deve conscientemente pôr-se no ético, surgir como nascido e tornado visível, não permanecer abandonado a si mesmo ou não conservar a forma da natureza, mas é preciso que se conheçam exatamente os limites da particularidade a aniquilar. Um tal conhecimento, porém, é a *lei*.

O movimento do primeiro estado contra os outros é assumido no conceito em virtude de os dois terem realidade, ambos serem limitados e de a liberdade empírica tanto de um como dos outros ser aniquilada; a conservação absoluta de todos os estados deve ser o governo supremo e, segundo o seu conceito, este governo não pode incumbir propriamente a nenhum estado, visto que é a indiferença de todos. Deve, pois, constituir-se a partir dos que, por assim dizer, abandonaram o ser real num estado e vivem pura e simplesmente num estado ideal, os anciãos e os sacerdotes, que são ambos uma só coisa.

Da velhice esvai-se a autoconstituição da individualidade. Da vida perdeu ela o lado da configuração e da realidade e, no limiar da morte, que incorporará absolutamente o indivíduo no universal, o indivíduo está já meio morto. Mas, graças à perda do real da individualidade, do particular, só ele é capaz, fora do seu estado que é a configuração e a particularidade da sua individualidade, de estar por cima de todos na indiferença e de conservar o todo em e através de todas as suas partes.

Só com o supremo indiferente, com Deus e a natureza, com os sacerdotes e os anciãos, se pode vincular a conservação do todo; com efeito, toda a outra forma da realidade está na diferença. Mas a indiferença, que a natureza produz na velhice, e Deus nos sacerdotes a ele unicamente consagrados, parece ser a indiferença colocada fora da vida ética, e parece que a vida ética deve fugir do seu domínio para a natureza, para o aconsciente. Mas é preciso que assim seja, porque aqui se trata da realidade e a realidade pertence à natureza e à necessidade. Incumbe ao ético conhecer a natureza e ligá-la àquela potência da mesma que exprime para si formalmente a determinidade de uma potência ética.

A natureza comporta-se aqui como utensílio. Ela é o que mediatiza a Ideia determinada do ético e o fenómeno exterior desta ideia. Como utensílio, deve formalmente ser conforme ao fenómeno, sem dúvida, por si sem conteúdo ético, mas em consonância com a ideia, segundo a potência e a determinidade formais; ou o seu próprio conteúdo nada mais é do que justamente a possibilidade, o negativo da determinidade ética. Esta, idealmente posta, precisa de um utensílio, ou a sua realidade subjetiva, o seu corpo imediato, assumido na sua unidade, nela indiferenciado, manifesta-se, por si considerado, como o seu utensílio; e para a Ideia, idealmente posta, em oposição à realidade, este seu corpo manifesta-se como algo de contingente para ela, como algo que se encontra, algo de conveniente e de consonante.

Na natureza, a alma modela imediatamente para si o seu corpo e nenhum deles se deve pôr e conceber sem o outro. São originariamente, de modo não consciente, uma só coisa sem separação. Mas, no ético, o que é primeiro é a separação da alma em relação ao corpo, e a identidade é uma totalidade ou uma identidade reconstruída. Por conseguinte, para o ideal, o corpo deve buscar-se como algo de presente, de formal, de em si negativo, e com ele vincular-se, e nisto consiste a essência da construção do governo, de maneira que, para a determinidade da alma ou a determinidade ética, cuja realidade se deve conhecer, se descubra o que está fora da diferença, tendo em conta que ele é a determinidade ética; ao mesmo tempo, porém, de modo que este utensílio não seja universal, adequado para muitas outras coisas, mas justamente apenas para esta determinidade: pois, o utensílio restringir-se-ia em parte a si, perante a sua natureza, e em parte seria por aquilo em virtude do qual ele é limitante, potência em geral, hegemonia, não já uma só coisa com ele segundo a essência e o espírito. Com o espírito deve ele ter em comum toda a configuração, ser uma só coisa com ele no tocante à particularidade ou, como se afirma, ter juntamente com ele o mesmo interesse, só que a oposição do governante ao governado é a forma exterior da oposição do indiferente ao diferente, do universal ao particular.

A velhice é assim o corpo da indiferença absoluta perante todos os estados. Carece da individualidade, que é a configuração de cada singular, e embora o sacerdócio exista como a indiferença não abandonada à natureza, mas a ela arrancada e aniquilando pela autoatividade o individual, deve, por um lado, observar-se que os anciãos do primeiro estado levaram uma vida divina enquanto a ele pertencentes; e, por outro, que o ancião do primeiro estado deve também ser um sacerdote e viver como sacerdote na transição de uma velhice masculina para outra mais elevada, e deve assim suscitar para si uma velhice absoluta, verdadeira; por outro lado ainda, que o verdadeiro sacerdote precisa igualmente da velhice exterior como do seu corpo, que a sua plena realização não pode, contra a natureza, pôr-se numa idade anterior, mas deve aguardar a idade suprema.

Neste governo supremo, está pura e simplesmente depositada a preservação, a relação absoluta do todo; ele é o repouso absoluto no movimento infinito do todo e na relação a este movimento. A sabedoria de tal governo visa a vitalidade de todas as partes, e esta vitalidade é a do todo e unicamente mediante este. A vitalidade do todo, porém, não é uma abstração da força vital, mas a absoluta identidade na diferença, a ideia absoluta. Mas esta, na sua dissociação absoluta, suprema, nada mais é do que a relação dos estados construída na primeira potência. É o absoluto como universal, sem qualquer determinidade, que surge nas potências particulares.

Esta ideia indiferente do governo supremo não diz respeito a nenhuma forma da particularidade e da determinidade, que se exibe na ramificação do todo nos seus sistemas subordinados. Não tem de repetir esta ideia nos mesmos sistemas; pois, de outro modo, ela seria para estes uma potência formal; mas, após se ter estabelecido a distinção dos estados, ela visa conservá-la. É outro tanto negativa segundo a sua ação, pois a conservação de um vivente é algo de negativo. Ela é governo, portanto, oposta ao particular; a alma positiva absoluta do vivente está no todo do próprio povo. Enquanto é governo, ela está na oposição e no fenómeno. Como tal, só pode, pois, ser negativa.

Mas esta absoluta negação de tudo o que poderia ser contrário à relação absoluta da Ideia absoluta, e que misturaria a distinção dos estados, deve ter a mais elevada supervisão sobre o modo como qualquer potência se determina a si. Nenhuma regulação pura e simplesmente se lhes tirou, nem enquanto a potência se fixa, nem enquanto ela pretende afirmar-se onde é limitada pelo movimento de uma potência superior, ou em geral de modo que a potência ainda subsista, ou de maneira que ela fosse por um certo tempo inteiramente suprimida.

O que poderia ter influência sobre uma perturbação da relação ou sobre o impedimento do livre movimento de uma potência superior é orgânico em sentido absoluto e da competência do governo supremo. Mas, a sua ocupação negativa não deve compreender-se no fenómeno como se ele se comportasse qual simples supervisor e de um modo negativo numa proibição por meio de um veto; mas o seu negativo é a sua essência, é, porém, uma atividade de um governo e a sua relação ao particular, ou o seu fenómeno, é uma relação positiva, porquanto se produz justamente contra o particular. O governo é, pois, legislador, ordena onde se desenvolve uma relação que por si se queria organizar, ou onde um lado anteriormente insignificante pouco a pouco, na sua ilimitação até então existente, se desenvolve e começa a tornar-se poderoso. Tem sobretudo de decidir em todos os casos em que diferentes direitos de sistemas entram em colisão e o presente os torna impossíveis na sua existência positiva.

Um pensamento formal do governo absoluto pode descortinar-se em todos os sistemas da teoria e da realidade efetiva, a saber, uma autoridade central orgânica e, decerto, uma autoridade que preserva a constituição. Mas

α) um tal pensamento – como o eforato de Fichte – é inteiramente formal e vazio na sua postura negativa,

β) e, em seguida, toda a inspeção possível a propósito do governar em todo o singular é atribuída a este governo absoluto, portanto, uma mescla grosseira do universal e do singular nele. O governo deve exercer um poder sobre tudo, portanto, mandar, agir com total predomínio e, ao mesmo tempo ser no entanto um nada enquanto poder;

γ) o governo absoluto é não formal unicamente em virtude de pressupor a distinção dos estados e, por conseguinte, é verdadeiramente o governo supremo. Se não a pressupõe, então, todo o poder da realidade decai numa massa, por mais ramificada que esta, aliás, seja ainda em si, e a rudeza desta massa teria o seu poder no seu cume, de um modo indiviso, mas um poder igualmente grosseiro e desprovido de sabedoria. Em semelhante massa, não pode haver nenhuma distinção verdadeira, objetiva, e o que deveria pairar por cima das suas distinções é um puro nada; com efeito, o governo absoluto, em virtude de ser a Ideia absoluta, pressupõe absolutamente o movimento infinito ou o conceito absoluto. Neste é que se devem encontrar as distinções, e estas, porque no conceito são universais e infinitas, devem por isso ser sistemas; e só assim é que é possível um governo absoluto e a identidade viva absoluta, mas nascida no fenómeno e na realidade.

A forma externa do seu poder absoluto consiste em que o poder não pertence a nenhum estado, não obstante ele provir do primeiro. Deste deve ele promanar; com efeito, na realidade, a identidade viva grosseira, sem sabedoria e sem distinção, é o terceiro, o terceiro estado, mas o segundo é aquele em que a diferença está fixada, e que unificou consigo a unidade enquanto universalidade formal, pairando, porém, por cima dele. O primeiro estado é a identidade clara, pura como um espelho, o espírito dos restantes, mas, em virtude de se encontrar fixado na oposição, é o lado infinito, os outros, porém, são os lados finitos. Mas o infinito está mais perto do absoluto do que o finito e, se assim dizer se pode, levantando-se a partir de baixo, o absoluto arroja-se e eleva-se imediatamente para fora da infinidade, que é o seu lado formal, negativo.

Este governo é a potência absoluta para todos os estados, em virtude de estar por cima deles; o seu poder, aquilo graças ao qual é potência, nada é de exterior, pelo qual enquanto também particular estaria contra o particular, e teria como executor das suas instruções um exército ou fosse lá o que fosse; mas está totalmente subtraído à oposição, nada é contra o qual algo se poderia pôr como particular e assim fazer dele próprio um particular, mas é absolutamente apenas universalidade contra o particular; e enquanto este absoluto, ideal, universal, frente ao qual tudo o mais é um particular, é a manifestação de Deus. As suas palavras são sentenças de Deus, e não pode aparecer e ser sob nenhuma outra forma. Ele é o sacerdócio imediato do Altíssimo, em cujo santuário com ele delibera e recebe as suas revelações; todo o humano e toda a outra sanção aqui cessam.

O que ao governo pode dar a sua santidade não é nem a declaração de que um tal poder deve ser invulnerável, nem a escolha de todo o povo para seu representante, antes semelhante sanção tira-lhe o seu caráter sagrado.

A escolha e a declaração são atos, provêm da liberdade e da vontade e podem, portanto, de novo também subverter-se. A força pertence à vontade empírica consciente e ao discernimento, e toda a singularidade e a ação de escolher deste género são no tempo, empíricas, contingentes, e podem e devem poder retratar-se. Um povo não está vinculado à sua palavra, ao seu ato, à sua vontade, pois tudo isto deriva da sua consciência e da singularidade; mas o governo absoluto é divino, sancionado em si, não é resultado de um fazer, mas é pura e simplesmente o universal. Nele, porém, todo o fazer promanaria da liberdade e da vontade.

B. *Governo universal*

O governo absoluto é a substância em repouso do movimento universal, mas o movimento universal é a causa de movimento ou o universal enquanto ele se opõe ao particular na forma de um particular, ao mesmo tempo, porém, segundo a sua essência, é o universal e, em virtude da sua forma, é determinante para o particular.

Ora, visto que o governo universal se refere ao movimento, mas este reside na individualidade, na figura, na relação, o seu objeto e o seu conteúdo são, então, uma situação universal. Com efeito, o permanente absoluto é a essência do governo absoluto; ao governo universal pode apenas caber um universal formal, um acidente universal, uma determinidade do povo para este tempo. Efetivamente, esta própria determinidade não deve ser uma abstração, algo que na sua realidade pertence totalmente à particularidade e não é nenhuma afeção e particularidade do universal, como, por exemplo, que cada um vive, se veste, etc. Enquanto universais, tais determinidades são somente abstrações e necessidades do singular; mas o que nelas reside é, enquanto universal, uma potência e subsume em si o todo e dele faz uma potência, é objeto do governo universal. Este vela pela necessidade que é universal e vela pela mesma universalmente.

O movimento do todo é uma separação constante do universal e do particular e uma subsunção do último no primeiro. Porém, este particular é a separação existente e nele os momentos do absoluto ou a forma são por isso mesmo marcados como exteriores e justapostos, e de modo igualmente múltiplo é assim determinado o movimento.

O particular, contra o qual se move o universal, na potência da diferença virada para o exterior e da identidade oculta, determina o movimento enquanto dirigido para a aniquilação; com efeito, o que pura e simplesmente se põe como particular e não pode engendrar a identidade, portanto, não é conceito absoluto, inteligência, só pode tornar-se uma só coisa com o universal mediante a aniquilação.

Mas o particular, mesmo enquanto conceito absoluto e como totalidade orgânica, como povo, é um particular e assim ambos se encontram frente a frente, porquanto se põem como idealmente negados – o lado da negação do conceito absoluto – e não idealmente como existentes, porquanto não se reconhecem. O povo, que não se encontra reconhecido, deve produzir este ser-reconhecido por meio da guerra ou das colónias.

Mas a individualidade que a si mesma se constitui não é, na segunda potência, ela própria potência, que incorpora em si o seu inorgânico, o conceito absoluto que se lhe opõe, e torna-o de um real e absoluto uma só coisa consigo. Graças à guerra, é somente um reconhecer, um igualar ideal; um verdadeiro vivente.

Visto que o governo é um subsumir do particular no universal, podem assim neste conceito distinguir-se os momentos da universalidade oposta ao particular, em seguida, a subsunção, e esta subsunção é por seu turno uma subsunção dupla, a saber, a ideal e a real – aquela na qual é sob a universalidade formal que se põe o particular, esta, a verdadeira universalidade, com a qual ele se põe como um. Os momentos é que se compreenderam como os diferentes poderes do Estado; a posição do universal como poder legislativo, a subsunção ideal como poder judicial em geral, como justiça, o subsumir real como poder executivo. (Kant compreendeu a subsunção real ou o consequente do silogismo como subsunção jurídica, mas entendeu a subsunção ideal ou a menor como subsumir real, como poder executivo.)

Cada movimento real ou vivo é uma identidade destes três momentos e, em cada ato do governo, todos os três se encontram unificados. São abstrações a que nenhuma realidade se pode dar, ou que não podem constituir-se e organizar-se como poderes. Legislar, julgar e executar são algo de inteiramente formal, vazio, sem conteúdo. Um conteúdo torna-os reais; mas em virtude da ligação da forma e do conteúdo, cada uma tornar-se-ia imediatamente uma identidade do universal e do particular ou, enquanto movimento, um subsumir do particular no universal, portanto, unificaria em si os três momentos.

Estas abstrações podem, com certeza, obter realidade, cada uma pode por si ligar-se a indivíduos que a ela se restringem. Mas então a verdadeira realidade das mesmas reside naquele momento que unifica as três, ou uma vez que o consequente, o poder executivo, é esta unificação, então, esta última é sempre, no fundo, o governo, e se as outras não constituem simples abstrações, atividades vazias, isso depende do poder executivo, e este é absolutamente o governo; e uma vez feitas estas distinções e constituídos estes poderes sem poder, regressa de novo a primeira tarefa, não de conhecer o poder executivo como tal, mas de o conhecer como governo.

O movimento do povo é, pois, governo porque o movimento enquanto tal é algo de formal, enquanto nele não se determina em si e por si o que é a potência do que se mantém em relação no movimento, e o que é o particular, e porque ter a relação do movimento se afigura contingente; pelo contrário, no movimento do povo, o universal e o particular estão pura e simplesmente ligados entre si e o absolutamente universal é pura e simplesmente determinado como tal e, deste modo, também o particular.

O movimento orgânico deve conhecer-se, porquanto a intuição subsume o conceito e porquanto o conceito subsume a intuição. Mas porque o que se move é essencialmente orgânico, então, esta distinção é inteiramente formal. A intuição, que subsume o conceito, é ela própria conceito absoluto; o conceito, que subsume a intuição, é também intuição absoluta. O fenómeno da forma desta oposição é exterior ao próprio orgânico; tal oposição reside na reflexão sobre o movimento. Para o próprio orgânico, a oposição põe-se de um modo tal que ele, por o conceito aparecer como o que subsume, se põe como o indivíduo, como um ser para si singular, como ser singular contra outros povos individuais – por a intuição ser o que subsume, por conseguinte, por ele ser verdadeiramente subsumido de modo real, o orgânico é universal em si, o determinante do particular, e aniquila este em si mesmo. Também por isso o povo, a totalidade, se vira contra a sua própria particularidade interna. O seu próprio é este particular, porque aqui o universal se põe como o em-si.

Semelhante separação é, como se disse, formal; o próprio movimento nada mais é do que uma troca destas duas subsunções. Da subsunção no conceito, em que os opostos são singulares, eleva-se a indiferença, e ela intui idealmente o singular, e deste modo o que está posto fora do orgânico como o que lhe é próprio, mas também ainda na forma da particularidade, até que ela o intua também realmente como a si mesma ou se reconstrua a identidade absoluta.

O ser-subsumido no conceito seria a abstração da relação a povos estrangeiros como relação de indivíduos entre si; mas o processo orgânico é imediatamente um suprimir ideal desta diferença, ou a determinidade torna-se imediatamente a determinidade própria do povo, uma diferença nele mesmo, e o movimento vivo suprime-se de modo absoluto. Por conseguinte, nenhum fundamento absoluto de repartição pode produzir o governo interno e o governo orientado para o exterior; nenhum constitui um sistema compreendido no universal, subordinado, mas ao mesmo tempo orgânico e por si existente; os momentos da intuição absoluta devem antes, para se conhecerem como orgânicos, ser também sistemas, nos quais estão subordinadas aquelas formas a partir de fora e de dentro. Para serem sistemas, tais momentos devem ter a diferença inteiramente a partir de fora, na reflexão, mas devem ter em si a identidade absoluta não de modo que esta como tal sobre eles paire, mas apenas enquanto forma.

O *primeiro* sistema do movimento na totalidade é, pois, este: que a absoluta identidade nele esteja totalmente oculta como sentimento.

O *segundo* sistema é a dissociação recíproca do universal e do particular e, portanto, permanece no movimento como um sistema duplicado, ou porque o particular permanece o que é, e o universal é, pois, apenas formal, ou porque o universal é absoluto e assume em si completamente o particular. Aquele primeiro é a justiça e a guerra, o segundo é a educação, a cultura, a conquista e a colonização.

A. *O primeiro sistema do governo. Sistema da necessidade*

O sistema da necessidade compreendeu-se acima formalmente como sistema da universal dependência física recíproca de uns em relação aos outros. Ninguém é por si mesmo para a totalidade da sua necessidade. O seu trabalho, ou seja qual for o modo da faculdade de satisfazer a sua necessidade, não lhe assegura esta satisfação. A necessidade é um poder estranho, sobre o qual ele não tem domínio algum, do qual depende se o excedente, que possui, é para ele uma totalidade da satisfação. O valor desse mesmo excedente, isto é, aquilo que exprime a relação do excedente à necessidade, é independente dele e variável.

Também este valor depende do todo das necessidades e do todo do excedente; e este todo é um poder menos cognoscível, invisível, incalculável porque está em relação com a quantidade, é uma soma de singularidades infinitamente múltiplas e, na relação à qualidade, compõe-se de qualidades infinitamente múltiplas. A interação do singular no todo, o qual consiste no singular, e novamente do todo, enquanto ideal, no singular, semelhante ação, enquanto determina o valor, é uma flutuação constantemente ascendente e descendente, em que a singularidade, determinada pelo todo enquanto tem um valor elevado, acumula a sua massa e, deste modo, se torna no todo um excedente, inserido no todo da necessidade. Mediante esta determinidade, aparece a indiferença do todo, considerada como uma multidão de qualidades restantes, como uma relação das mesmas, e semelhante relação alterou-se. As qualidades restantes estão necessariamente em relação com a qualidade excedentária, e esta, que antes tinha um valor mais elevado, desce. Em virtude de cada espécie singular de excedente ser indiferenciada no todo e, graças a esta incorporação no todo, se lhe indicar nele o seu lugar e valor, medidos pelo todo da necessidade universal, assim também não é o singular que determina o valor tanto do seu excedente como da sua necessidade e o pode manter independente de tudo o mais, fora da relação, como algo que há aí de constante e de seguro.

Neste sistema, o que governa aparece, pois, como o todo não consciente, cego, das necessidades e das espécies das suas satisfações. Mas de semelhante destino aconsciente e cego deve apoderar-se o universal e poder tornar-se sim um governo.

Este todo não reside fora da possibilidade do conhecer, nas grandes relações, consideradas em massa. Porque o valor, o universal, se deve contabilizar de um modo totalmente atomístico, a possibilidade do conhecimento, no tocante às espécies singulares que assim se compõem, é suscetível apenas de graus. Mas é a partir do valor da própria espécie que importa conhecer como é que o excedente se mantém na relação à necessidade, e semelhante relação ou o valor tem a sua significação, tanto segundo o aspeto de se a produção de um tal excedente é a possibilidade da totalidade das necessidades, se um homem dele se pode alimentar, como também segundo o aspeto da universalidade, de se este valor de uma espécie da necessidade não é improporcionado à própria totalidade, para a qual ele é necessidade.

Ambos os aspetos se devem determinar a partir da intuição, a partir do todo de que um homem necessariamente precisa, e este, já a partir da natureza bruta, em função dos diversos climas, já a partir da natureza cultivada, é o que – considerado em média num povo como o necessário para a existência – importa conhecer. Ocorre assim por si, mediante a natureza, que o justo equilíbrio se conserva, em parte, com uma flutuação insignificante, em parte, se é perturbado mais fortemente por circunstâncias exteriores, se restabelece graças a uma flutuação maior. Mas justamente no último caso, o governo deve contrariar ativamente a natureza, que suscita um tal movimento de dominância, mediante contingências empíricas, mais depressa – como anos infrutíferos –, ou mais devagar – como aumento do mesmo trabalho noutras regiões, e preços baixos que suprimem noutros lugares a relação homogénea do excedente ao todo; e visto que a natureza eliminou o termo médio em repouso, o governo deve reafirmar este e também o equilíbrio. Com efeito, a descida do valor de uma espécie de excedente e a incapacidade do mesmo para representar a totalidade da necessidade, uma vez que parte do povo ligou a sua existência a semelhante capacidade, ao confiar no universal, destroem esta existência e defraudam a sua confiança.

O governo é o todo real detentor do poder, que, indiferente para com as partes, não é um *abstractum* e, por isso, é decerto indiferente para com a espécie singular de excedente, a que uma parte associa a sua realidade, mas não para com a existência desta própria parte. A abstração do equilíbrio é, sem dúvida, que uma espécie de excedente, a qual já não possui a conformidade à totalidade das necessidades, de novo recupere tal conformidade, portanto, que a consequência será que, por um lado, dela se ocupem apenas tantos quantos da mesma podem viver, e que, por outro, o valor de tal espécie aumentará, se for demasiado reduzido o seu número, ou que o seu valor descerá para quem este excesso é necessidade; mas, para a realidade e o governo, o valor demasiado baixo, porque ameaça uma parte, cuja existência física se tornou dependente do todo e que agora se arruinou inteiramente graças a este todo e, por outro lado, o valor demasiado alto, em virtude do qual todos são perturbados na sua totalidade da fruição e do hábito, têm um interesse de que prescinde a abstração do equilíbrio, a qual, na flutuação deste último, lhe permanece exterior como a indiferença ociosa da contemplação; mas o governo constitui a indiferença real, detentora do poder e determinante da indiferença.

Mas estas flutuações empíricas e as diferenças formais, não necessárias, perante as quais o governo detentor do poder é indiferente, são contigentes, não são o impulso necessário da diferença que leva à distribuição do equilíbrio.

O princípio orgânico desta potência é a singularidade, o sentimento, a necessidade, e ele é empiricamente infinito. Enquanto é por si e deve permanecer o que é, põe-se sem limite e, por a sua natureza ser singularidade, é empiricamente infinito. Sem dúvida, a fruição parece ser algo de fixamente determinado e limitado; mas a sua infinidade é a sua idealidade e nesta ela é infinita. Enquanto ela própria é fruição, idealiza-se até ao mais puro e ao mais depurado gozo. A fruição cultivada, ao dissipar a rudeza da necessidade, deve buscar ou preparar o que há de mais nobre, e quanto mais diversos se tornam os seus estímulos, tanto maior é o trabalho que eles tornam necessário; com efeito, a diferença dos estímulos e a sua indiferença, a sua concentração, devem ambas reunir-se, ao passo que a realidade da natureza as separa; deve suprimir-se o casual que o produto da natureza tem enquanto é uma totalidade por si, e manter-se simplesmente a sua diferença em relação à fruição.

A idealidade da fruição exibe-se em seguida também como ser-outro, como modalidade estranha na relação exterior do produto e associa-se à raridade, e tanto esta espécie estranha de satisfação como a espécie da mais cómoda satisfação, tornada antes a mais apropriada pelo tipo de preparação, põe toda a terra em despesas.

Empiricamente infinita, a idealidade da fruição exibe-se, por fim, no gozo inibido objetivado, na posse, e também a este respeito cessa todo o limite.

Frente a esta infinidade encontra-se a particularidade da fruição e da posse, e visto que a posse possível – enquanto tal é o objetivo da potência da fruição – e o trabalho tem o seu limite, são um *quantum* determinado, é necessário que ela, com a acumulação da posse num lugar, diminua num outro lugar.

A desigualdade da riqueza é necessária em si e por si; cada desigualdade natural é capaz de se exprimir como tal, se o natural se vira para este lado; e o impulso para o aumento da riqueza nada mais é do que a necessidade de inserir no infinito o singular determinado, que é a posse. Mas o ofício mais universal, mais ideal, é o que como tal por si garante um lucro maior. Esta desigualdade necessária, que se particulariza no seio do estado mercantil e, de novo, em muitos estados particulares da indústria, e estes em estados de riqueza e de fruição diversos, porém, graças à sua constituição quantitativa que se refere a graus e não é suscetível de nenhuma outra determinação a não ser a de grau, suscita uma relação de dominação. O indivíduo imensamente rico torna-se um poder; supera a forma da dependência física corrente que consiste em depender de um universal, e não de um particular.

Em seguida, a grande riqueza, que está de igual modo ligada à mais profunda pobreza – com efeito, na separação, o trabalho torna-se em ambos os lados universal, objetivo – leva mecanicamente, num lado, à universalidade ideal e, no outro, à universalidade real, e este elemento inorgânico, o puro quantitativo, singularizado até ao conceito do trabalho é imediatamente a extrema rudeza. O primeiro caráter do estado da indústria de ser capaz de uma intuição orgânica absoluta e da reverência por um divino, posto no entanto fora dele, esvai-se, e irrompe a bestialidade do desprezo por tudo o que é elevado. O em-si é o desprovido de sabedoria, o puro universal, a massa da riqueza; e o vínculo absoluto do povo, o ético, desapareceu, e o povo dissolveu-se.

O governo deve contrariar supremamente esta desigualdade e a sua universal destruição. Pode fazê-lo imediatamente de um modo exterior mediante a dificultação dos grandes lucros e, se sacrifica uma parte deste estado ao trabalho mecânico e de fábrica e o abandona à rudeza, deve pura e simplesmente conservar o todo na vitalidade que lhe é possível. Mas isso acontece do modo mais necessário ou, antes, imediatamente por meio da constituição do estado em si.

A relação da dependência física é a absoluta particularização e dependência em relação a algo de pensado, de abstrato. A constituição põe uma dependência viva e uma relação de individualidade a individualidade, um outro encadeamento, interno, ativo, que não é o da dependência física. «Este estado está em si constituído» significa: é um universal vivo no seio da sua limitação; o que é o seu universal, a sua lei e o seu direito é ao mesmo tempo como existente nos indivíduos, realmente neles, através da sua vontade e da sua autoatividade. A existência orgânica deste estado faz de cada singular, enquanto nele há vitalidade, uma só coisa com os outros; mas o estado não pode existir na unidade absoluta. Por conseguinte, torna também, em parte, os indivíduos dependentes, mas de modo ético, na confiança, no respeito, etc., e semelhante eticidade suprime o elementar, a pura massa, a quantidade, e põe uma relação viva; e o rico é imediatamente obrigado a atenuar a relação de dominação, e até a suspeita de tal relação, mediante uma participação mais universal na mesma. E a desigualdade externa reduz-se tanto exteriormente como o infinito não se arroja à determinidade, mas existe como atividade viva e, por conseguinte, o próprio impulso para a riqueza infinita é extirpado.

Esta constituição pertence mais à natureza do próprio estado e à sua essência orgânica, e não ao governo; a este pertencem as limitações externas. Mas isto é o particular: a preocupação com a subsistência dos estados singulares no interior desta esfera pela oposição à flutuação infinita no valor das coisas. Mas o governo enquanto o universal tem também necessidades universais; antes de mais, de um modo geral, para o primeiro estado privado da posse e da aquisição, que vive na indigência universal constante e absoluta; em seguida, para o estado formalmente universal, a saber, para aquele que é nos outros estados órgão do governo e simplesmente trabalha no universal; por fim, para a carência do universal, do povo inteiro como tal, por exemplo, as suas habitações, etc., isto é, os seus templos, as ruas, etc.

O governo deve para si obter estas necessidades, mas o seu trabalho nenhum mais pode ser senão tomar imediatamente e sem trabalho posse dos frutos maduros, ou ele próprio trabalhar e adquirir. O último caso, visto que é contrário à natureza do universal estar no particular, como aqui o governo é algo de formalmente universal, só pode ser uma posse e um arrendamento de tal posse; para que não lhe caibam a aquisição e o trabalho imediatos, mas na forma do benefício, do resultado, do universal. O primeiro caso, porém, respeitante à tomada de posse dos frutos maduros, são, pois, estes frutos maduros o trabalho realizado, e como universal, como o dinheiro, ou como as mais universais necessidades. Eles próprios são uma posse dos singulares, e a supressão de tal posse deve ter a forma da universalidade formal ou da justiça.

O sistema dos impostos, porém, cai imediatamente na contradição de que ele deve ser absolutamente justo, que cada qual deve contribuir na proporção da grandeza da sua posse; esta posse, porém, não é imóvel, fixa, mas, na diligência da aquisição, é um infinito vivo, algo de incalculável. Se o capital é avaliado e calculado segundo os rendimentos, isso é formalmente considerado possível, mas os rendimentos são algo de inteiramente particular, e não como os bens imobiliários algo de objetivo, de cognoscível e reconhecível. Deste modo, portanto, a posse singular não deve agravar-se segundo a equidade, porque enquanto posse singular não tem a forma do objetivo.

Mas o objetivo, os bens imobiliários, embora também aqui entre sempre em jogo a particularidade, devem interpretar-se quanto ao valor que têm segundo a possibilidade do produzir que lhes é própria; mas porque ao mesmo tempo a posse está presente na forma da particularidade, como habilidade, então nem tudo está compreendido na posse, e se os produtos dos bens imobiliários são excessivamente agravados, o valor do produto não se põe em equilíbrio, pois a quantidade permanece sempre a mesma, como aquela de que o valor depende, e na medida em que a produção diminuísse, também diminuiriam os rendimentos do Estado; em muito maior medida deveria a produção agravar-se segundo uma progressão crescente e, em igual grau, o rendimento se comportaria de modo inverso. Deve, pois, impor-se ao mesmo tempo a habilidade, não segundo o que ela ganha, que é algo de particular, de específico – mas segundo o que ela gasta; com efeito, o que ela compra efetua a passagem, a partir da sua particularidade, através da forma da universalidade, ou torna-se mercadoria; e em virtude da mesma circunstância, a saber, ou que a quantidade permanece a mesma, e então este artigo não muda de valor e esta classe trabalhadora empobrece; ou – o que é uma consequência – produz-se menos e, então, os rendimentos são menores; seja qual for o ramo em que se lance o imposto, o caso é o mesmo; por conseguinte, o imposto deve estender-se à particularidade mais múltipla possível da habilidade. Embora assim a consequência seja a mesma, a saber, que a precisão é menor, isso é justamente o meio exterior para que a aquisição se restrinja, e nos impostos o governo tem um meio de influenciar esta limitação ou extensão das partes singulares.

B. *O segundo sistema do governo. Sistema da justiça*

No primeiro sistema, a oposição do universal e do particular é formal. O valor, o universal e as necessidades, as posses, o particular, não são o que determina a essência da coisa, mas são exteriores à mesma. A essência permanece a relação da coisa como uma necessidade. Mas, nesse sistema da dissociação, a essência é a determinidade ideal. A coisa enquanto propriedade referida à necessidade é determinada de modo a ser, enquanto este possuído particular, essencialmente um universal, e a relação à necessidade – a necessidade é algo de inteiramente singular – a ser algo de reconhecido. A coisa é minha, é o seu não-ser-aniquilada, mas a relativa identidade em que eu me encontro com ela, ou a idealidade do ser-aniquilado (a posse), esta objetividade, põe-se como uma objetividade subjetiva, como existente nas inteligências. Deste modo, enquanto tal identidade, é intuição, e não uma intuição deste singular, mas intuição absoluta. Semelhante relação tem realidade objetiva. Eu é um universal, algo de fixado, tem ser; aquela relação é determinada como uma relação universal.

O termo médio, a realidade desta relação, é o governo. Que uma relação de posse não seja algo de ideal, mas ao mesmo tempo real, indica que todos os Eu põem semelhante relação, que o eu empírico da relação existe como toda a multidão dos Eu. Esta multidão segundo a abstração da sua quantidade é o poder público, e o poder público enquanto pensante, consciente, é aqui o governo enquanto *jurisdição*.

Como jurisdição, o governo é a totalidade de todos os direitos, mas com plena indiferença quanto à relação da coisa com a necessidade deste indivíduo determinado. Semelhante indivíduo é para ele uma pessoa universal inteiramente indiferente. O que na pura justiça se toma em consideração é unicamente o universal, o abstrato da espécie de posse e de aquisição. Mas a justiça deve também ser algo de vivo e ter em vista a pessoa.

O direito na forma da consciência é a lei, que se refere aqui à singularidade; mas esta forma é indiferente, embora seja necessário que o direito esteja presente na forma da consciência enquanto lei.

O direito visa a singularidade e é a abstração da universalidade, pois a singularidade deve nele subsistir. Semelhante singularidade é ou a singularidade viva do indivíduo, ou uma relativa identidade do mesmo, ou a vitalidade do próprio indivíduo, posta como singularidade, como identidade relativa.

A negação da singularidade, que é uma negação mediante a singularidade – e não por meio do absolutamente universal –, é também puramente negação da posse enquanto tal; ou a negação de uma singularidade viva no indivíduo; ou a negação da totalidade do indivíduo vivo; o segundo caso é um ato de violência; o terceiro é um assassínio.

O governo absoluto poderia a este respeito abandonar a si mesmos o segundo e o terceiro estados, que, no interior do primeiro estado, se encontram no direito civil, e deixar fazer ao primeiro estado o seu esforço vão de assumir até ao infinito o finito absolutamente posto da posse, esforço esse que se exibe como integralidade das leis civis, como consciência absoluta a propósito do processo judiciário, de maneira que a regra, na forma da regra, seria perfeita e o juiz se tornaria puro órgão, a abstração absoluta da simples singularidade em questão, sem vitalidade e sem a intuição do todo

Esta falsa infinidade deve excluir-se mediante o caráter orgânico da constituição, a qual, enquanto orgânica, insere absolutamente o universal no particular.

O princípio orgânico é a liberdade; que o próprio governante seja governado; mas visto que aqui o governo enquanto universal permanece oposto à colisão da singularidade, então, é preciso que esta identidade se ponha primeiro de um modo tal que o mesmo estado, a igualdade de nascimento, a constituição num círculo restrito num todo, a morada sob a mesma cidadania, constituam o ser-um vivente. Em seguida, quanto à realidade efetiva em cada veredicto singular, o absoluto deve ser não a abstracão da lei, mas uma compensação que tenha em vista a satisfação das partes, com a sua convicção e consentimento quanto à equidade, isto é, que considere o todo dos mesmos enquanto indivíduos.

Este princípio da liberdade na sua constituição mecânica compreende-se como organização dos tribunais e é uma análise do litígio e da decisão do mesmo.

Na jurisdição civil, só a determinidade como tal é que é absolutamente negada no litígio, e determinidade podem tornar-se a atividade viva, o trabalho, o que é pessoal.

Na jurisdição penal, porém, não é a determinidade, mas a individualidade, a indiferença do todo, a vitalidade, a personalidade. Aquela negação é no direito civil uma negação puramente ideal; no direito penal, é uma negação real; com efeito, a negação que visa uma totalidade é por isso mesmo real. Estou na posse da propriedade de um outro, não por rapina ou roubo, mas porque a reivindico como minha e de um modo legal. Reconheço assim a capacidade de posse do outro; mas a violência, o roubo opõem-se a semelhante reconhecimento. São constringentes, visam o todo; suprimem a liberdade e a realidade do ser-universal, do ser-reconhecido. Se o crime não negasse o reconhecimento, poderia também deixar-se para outros, para o universal, o que ele leva a cabo.

A justiça civil visa simplesmente a determinidade; a justiça penal, além da determinidade, deve também suprimir a negação da universalidade e suprimir a universalidade que se pôs no seu lugar, a oposição à oposição.

Semelhante supressão é a *pena,* e esta é justamente determinada segundo a determinidade em que a universalidade foi suprimida.

I. Pena civil, II. Pena penal, III. Guerra. Aqui, a universalidade e a singularidade são uma só coisa, e a essência é esta totalidade.

Em I a essência é universalidade, em II é singularidade, em III é a identidade; o povo torna-se o criminoso, que é em II, e sacrifica a posse de I; põe-se do lado do negativo de I e de II, e III é conveniente para o primeiro estado

C. *Terceiro sistema do governo. Sistema da disciplina*

Neste, o universal é o absoluto e, puramente como tal, é o determinante. No primeiro sistema, o universal é o universal bruto, simplesmente quantitativo, desprovido de sabedoria; no segundo sistema, é a universalidade do conceito, a universalidade formal, o reconhecimento. Para o absolutamente universal, a diferença, que ele suprime no seu movimento, é também por isso uma diferença formal superficial, e a essência do diferente é a universalidade absoluta; assim como no primeiro sistema a essência do diferente é o sentimento, a necessidade e a fruição, no segundo, a sua essência é ser um singular, um formalmente absoluto. O universal, a causa, é, segundo a sua essência, determinado do mesmo modo que o particular.

I. Educação, II. Cultura e disciplina; talentos, descobertas, ciência-formal. Real é o todo, o absolutamente universal, o que do povo se move em si, o absolutamente vinculante, verdadeira realidade absoluta da ciência; as descobertas visam apenas o singular, tal como as ciências individuais, e onde estas são absolutas enquanto filosofia, elas são no entanto totalmente ideais; a cultura, na verdade, com aniquilação de toda a aparência é o povo que a si mesmo se cultiva, delibera e é consciente; o outro é a polícia enquanto disciplina nos singulares. A disciplina no seu conjunto são os costumes universais, e a ordem, e o treino para a guerra, e a prova nela da veracidade do singular.

III. Procriação de crianças; objetivar-se a si mesmo enquanto este povo; o facto de o governo, o povo, suscitar um outro povo. Colonização.

C. *O governo livre*

Formas possíveis de um governo livre. I. Democracia, II. Aristocracia, III. Monarquia.

Cada um é capaz de ser não livre, I. Oclocracia, II. Oligarquia, III. Despotismo; o exterior, o mecânico é o mesmo. A relação do governo ao governado é que opera a distinção; se a essência é a mesma coisa e a forma da oposição somente superficial.

A monarquia é a exibição da realidade absoluta da vida ética num indivíduo, e a aristocracia em vários indivíduos; distingue-se da constituição absoluta pelo caráter hereditário, mais ainda pelo estado de posse; e porque ela tem a forma da constituição absoluta, mas não a sua essência, é a pior. – A democracia é a exibição da realidade absoluta da vida ética em todos, portanto, mescla da posse, e não isolamento do estado absoluto. Para a constituição absoluta, é indiferente a forma da aristocracia ou da monarquia; a constituição é também democracia nos estados.

Na monarquia, deve haver uma religião ao lado do monarca. Ele é a identidade do todo, mas numa figura empírica; quanto mais empírico ele é, quanto mais bárbaro é o povo, tanto mais a identidade tem poder e se constitui de modo independente. Quanto mais o povo se torna um consigo mesmo, com a natureza e a vida ética, tanto mais acolhe o divino em si e tanto mais abandona a religião que enfrenta o divino; e passa então pela reconciliação com o mundo e consigo mesmo, pela ausência de fantasia da irreligião e do entendimento.

Na aristocracia, acontece o mesmo, mas em virtude do seu caráter paternal, do conceito universal, há pouca fantasia em religião.

Na democracia, há decerto religião absoluta, mas não fixada, ou antes religião natural; o ético está vinculado ao natural, e a ligação da natureza objetiva torna-a acessível ao entendimento; para a posição da natureza como algo de objetivo – filosofia epicurista; a religião deve ser puramente ética; assim a fantasia da religião absoluta, assim a arte que produziu um Júpiter, Apoio, Vénus; não a arte homérica, onde Júpiter, Juno é o ar, Neptuno a água; esta separação deve ser completa, o movimento ético de Deus deve ser absoluto, não crime e fraquezas, mas crime absoluto, a morte.

Bibliografia seleta

A) *Sobre o desenvolvimento do pensamento de Hegel:*

HARRIS, H. S., *Hegels Development*, 2 vols., Oxford, 1972 s.
HÖSLE. Vittorio, *Hegels System*, 2 vols., Hamburgo, 1987.
KIMMERLE. H., *Das Problem der Abgeschlossenheit des Denkens. Hegels «System der Philosophie» in den Jahren 1801-1804*, 1982².
LUKÁCS, G., *Der junge Hegel*, Berlim, 1954.
PEPERZAK, Adrien, *Le jeune Hegel et la vision morale du monde*, Haia, 1960.
TAYLOR, Charles, *Hegel*, Cambridge, 1975.

B) *Sobre a sua conceção da História e da Política:*

AVINERI, Shlomo, *Hegel's Theory of the Modern State*, Cambridge, 1972.
BOURGEOIS, Bernard, *La pensée politique de Hegel*, Paris, 1969.
FLEISCHMANN, Eugène, *La philosophie politique de Hegel*, Paris, 1964.
HYPPOLITE. Jean, *Introduction à la philosophie de l'histoire de Hegel*, Paris, 1947; tr. port., Lisboa, Edições 70, 1988.
KAUFMANN, Walter, Org., *Hegel's Political Philosophy*, Nova Iorque, 1970.
KELLY, George A., *Idealism, Politics and History*, Cambridge, 1969.
MARCUSE, H., *Reason and Revolution*, Nova Iorque, 1955.
PELCZINSKI, Z., Org., *Hegel's Political Philosophy*, Cambridge, 1971.
RIEDEL, Manfred, *Studien zur Hegels Rechtsphilosophie*, Francoforte, 1969.

RIEDEL, Manfred, *Bürgerliche Gesellschaft und Staat bei Hegel*, Neuwied e Berlim, 1970.

RITTER, Joachim, *Hegel und die französische Revolution*, Colónia, 1957.

ROSENZWEIG, Franz, *Hegel und der Staat*, Berlim e Munique, 1920.

WEIL, E., *Hegel et l'Etat*, Paris, 1950.

Índice de nomes e de matérias

Amor, 22
Anciãos, 80 s.
Animal, 19
Aristocracia, 100 s.
Assassínio, 55

Casamento, 42 s.
Cidadão *(Bourgeoisie)*, 75 s.
Comércio, 37, 75
Conceito absoluto, 62
Conceito infinito, 62
Consciência moral, 48 s.
Constituição, 78
Contrato, 36 s.
Corporeidade, 27 s.
Criança, 22 s., 43 s.
Crime, 48
Cultura, 21 s., 99

Democracia, 100
Devastação, 49
Dinheiro, 37, 75
Direito, 31 s.
Direito privado, 32 s.

Dominação e servidão, 39 s., 51 s.

Economia política, 89 s.
Educação, 67, 99
Eforato, 83
Estados, 72 s.
Eticidade individual, 59
Excedente, 31

Família, 41 s.
Fichte, 83
Fruição, 14

Guerra, 58 s.

Homero, 25
Honra, 54

Igualdade, 34
Inimigo, 67
Inteligência, 21 s.

Jurisdição, 69 s., 75 s.
Justiça vingadora, 48 s.

Kant, 42, 87

Lei, 80, 97
Linguagem, 27 s.
Luta, 56 s.

Máquina, 31
Monarquia, 100
Moral civil, 69 s.

Necessidade, 14 s., 89 s.

Pais, 22
Paz, 58
Pessoa, 38, 51
Planta, 19
Posse, 17 s., 30 s., 51, s.
Povo, 63 s.

Preço, 34
Propriedade, 31

Rapina, 50 s.
Reconhecimento, 37 s., 51
Relação sexual, 22 s., 41

Sacerdotes como regentes, 80
Sentimento prático, 14

Trabalho, 16 s., 30, 31 s., 75
Troca, 34

Utensílio, 24

Valor, 94
Virtudes, 66

Índice

ADVERTÊNCIA AO LEITOR.......................... 7

INTRODUÇÃO 11

I. A VIDA ÉTICA ABSOLUTA SEGUNDO A RELAÇÃO..... 13
   A. Primeira potência da natureza, subsunção
      do conceito na intuição....................... 14
   B. Segunda potência da infinidade, idealidade,
      no formal ou na relação 29
      a) *A subsunção do conceito na intuição* 30
      b) *A subsunção da intuição no conceito* 33
      c) *A potência da indiferença de* a *e de* b 37

II. O NEGATIVO, OU A LIBERDADE, OU O CRIME 45

III. ETICIDADE 61

PRIMEIRA SECÇÃO: A CONSTITUIÇÃO DO ESTADO 65
I. A vida ética como sistema em repouso 65
II. Governo.. 77
   A. *O primeiro sistema do governo. Sistema da necessidade* .. 89
   B. *O segundo sistema do governo. Sistema da justiça* 96
   C. *Terceiro sistema do governo. Sistema da disciplina*...... 99

BIBLIOGRAFIA SELETA............................. 103

ÍNDICE DE NOMES E DE MATÉRIAS................... 105

TEXTOS FILOSÓFICOS

1. *Crítica da Razão Prática*, Immanuel Kant
2. *Investigação sobre o Entendimento Humano*, David Hume
3. *Crepúsculo dos Ídolos*, Friedrich Nietzsche
4. *Discurso de Metafísica*, Immanuel Kant
5. *Os Progressos da Metafísica*, Immanuel Kant
6. *Regras para a Direcção do Espírito*, René Descartes
7. *Fundamentação da Metafísica dos Costumes*, Immanuel Kant
8. *A Ideia da Fenomenologia*, Edmund Husserl
9. *Discurso do Método*, René Descartes
10. *Ponto de Vista Explicativo da Minha Obra de Escritor*, Sören Kierkegaard
11. *A Filosofia na Idade Trágica dos Gregos*, Friedrich Nietzsche
12. *Carta sobre a Tolerância*, John Locke
13. *Prolegómenos a Toda a Metafísica Futura*, Immanuel Kant
14. *Tratado da Reforma do Entendimento*, Bento de Espinosa
15. *Simbolismo: Seu Significado e Efeito*, Alfred North Withehead
16. *Ensaio sobre os Dados Imediatos da Consciência*, Henri Bergson
17. *Enciclopédia das Ciência Filosóficas em Epítome (Vol. I)*, Georg Wilhelm Friedrich Hegel
18. *A Paz Perpétua e Outros Opúsculos*, Immanuel Kant
19. *Diálogo sobre a Felicidade*, Santo Agostinho
20. *Princípios da Filosofia do Futuro*, Ludwig Feuerbach
21. *Enciclopédia das Ciência Filosóficas em Epítome (Vol. II)*, Georg Wilhelm Friedrich Hegel
22. *Manuscritos Económico-Filosóficos*, Karl Marx
23. *Propedêutica Filosófica*, Georg Wilhelm Friedrich Hegel
24. *O Anticristo*, Friedrich Nietzsche
25. *Discurso sobre a Dignidade do Homem*, Giovanni Pico della Mirandola
26. *Ecce Homo*, Friedrich Nietzsche
27. *O Materialismo Racional*, Gaston Bachelard
28. *Princípios Metafísicos da Ciência da Natureza*, Immanuel Kant
29. *Diálogo de um Filósofo Cristão e de um Filósofo Chinês*, Nicholas Malebranche
30. *O Sistema da Vida Ética*, Georg Wilhelm Friedrich Hegel
31. *Introdução à História da Filosofia*, Georg Wilhelm Friedrich Hegel
32. *As Conferências de Paris*, Edmund Husserl
33. *Teoria das Concepções do Mundo*, Wilhelm Dilthey
34. *A Religião nos Limites da Simples Razão*, Immanuel Kant
35. *Enciclopédia das Ciência Filosóficas em Epítome (Vol. III)*, Georg Wilhelm Friedrich Hegel
36. *Investigações Filosóficas sobre a Essência da Liberdade Humana*, F. W. J. Schelling
37. *O Conflito das Faculdades*, Immanuel Kant
38. *Morte e Sobrevivência*, Max Scheler
39. *A Razão na História*, Georg Wilhelm Friedrich Hegel
40. *O Novo Espírito Científico*, Gaston Bachelard
41. *Sobre a Metafísica do Ser no Tempo*, Henrique de Gand
42. *Princípios de Filosofia*, René Descartes
43. *Tratado do Primeiro Princípio*, João Duns Escoto
44. *Ensaio sobre a Verdadeira Origem, Extensão e Fim do Governo Civil*, John Locke
45. *A Unidade do Intelecto contra os Averroístas*, São Tomás de Aquino
46. *A Guerra e A Queixa da Paz*, Erasmo de Roterdão
47. *Lições sobre a Vocação do Sábio*, Johann Gottlieb Fichte
48. *Dos Deveres (De Officiis)*, Cícero
49. *Da Alma (De Anima)*, Aristóteles
50. *A Evolução Criadora*, Henri Bergson
51. *Psicologia e Compreensão*, Wilhelm Dilthey
52. *Deus e a Filosofia*, Étienne Gilson
53. *Metafísica dos Costumes, Parte I, Princípios Metafísicos da Doutrina do Direito*, Immanuel Kant
54. *Metafísica dos Costumes, Parte II, Princípios Metafísicos da Doutrina da Virtude*, Immanuel Kant
55. *Leis. Vol. I*, Platão
58. *Diálogos sobre a Religião Natural*, David Hume
59. *Sobre a Liberdade*, John Stuart Mill
60. *Dois Tratados do Governo Civil*, John Locke
61. *Nova Atlântida* e *A Grande Instauração*, Francis Bacon
62. *Do Espírito das Leis*, Montesquieu
63. *Observações sobre o sentimento do belo e do sublime* e *Ensaio sobre as doenças mentais*, Immanuel Kant
64. *Sobre a Pedagogia*, Immanuel Kant
65. *Pensamentos Filosóficos*, Denis Diderot
66. *Uma Investigação Filosófica acerca da Origem das nossas Ideias do Sublime e do Belo*, Edmund Burke
67. *Autobiografia*, John Stuart Mill